Christiane Birot
Anne-Sophie Birot

les plus belles balades autour d'AVIGNON

Du Mont Ventoux à la Camargue
40 itinéraires pour baladeurs curieux

Collection dirigée par Jean-Michel Renault

Les créations du Pélican
104, rue Tronchet - 69006 Lyon
Tél. 78 94 61 42 - Fax 78 94 21 73

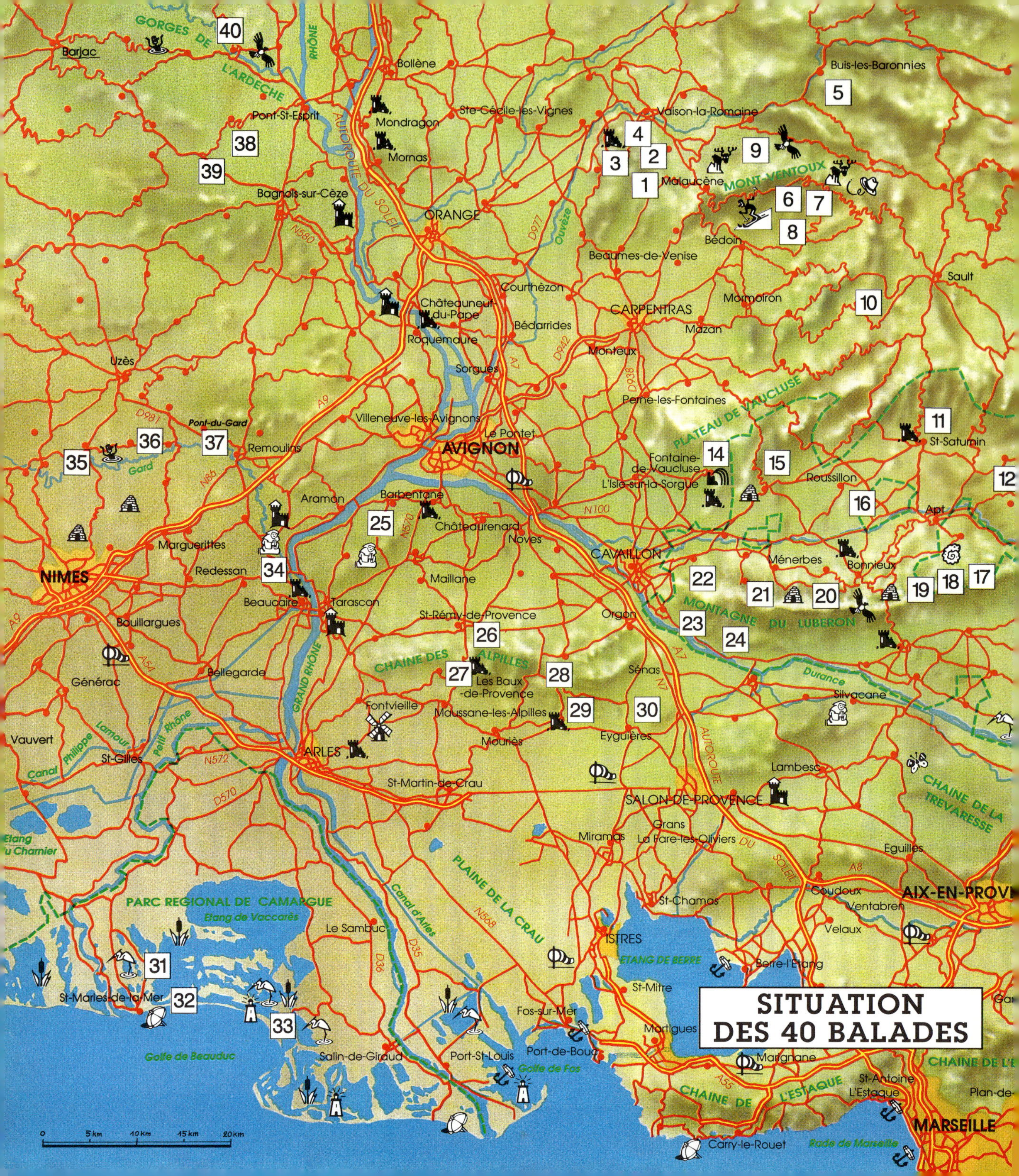

SITUATION DES 40 BALADES
GORGES DE L'ARDECHE
Barjac
RHÔNE
Bollène
Mondragon
Ste-Cécile-les-Vignes
Vaison-la-Romaine
Buis-les-Baronnies
Pont-St-Esprit
Mornas
Malaucène
MONT-VENTOUX
AUTOROUTE DU SOLEIL
Bagnols-sur-Cèze
ORANGE
N580
D977
Ouvèze
Bédoin
Beaumes-de-Venise
Courthézon
Châteauneuf-du-Pape
CARPENTRAS
Mormoiron
Sault
Mazan
Roquemaure
Bédarrides
Monteux
D942
Uzès
Sorgues
D938
A7
Pernes-les-Fontaines
PLATEAU DE VAUCLUSE
A9
Villeneuve-les-Avignons
D981
Pont-du-Gard
Le Pontet
AVIGNON
Remoulins
Gard
Fontaine-de-Vaucluse
L'Isle-sur-la-Sorgue
St-Saturnin
Roussillon
N86
Aramon
Barbentane
Châteaurenard
N570
N100
Noves
Apt
Marguerittes
CAVAILLON
Ménerbes
Bonnieux
NIMES
Redessan
Maillane
Beaucaire
Tarascon
A9
Bouillargues
St-Rémy-de-Provence
Orgon
MONTAGNE DU LUBERON
A54
CHAINE DES ALPILLES
Bellegarde
GRAND RHÔNE
Générac
Les Baux-de-Provence
Sénas
A7
Durance
Silvacane
Fontvieille
Maussane-les-Alpilles
Vauvert
Lamour
Philippe
Petit Rhône
ARLES
Mouriès
Eyguières
St-Gilles
Canal
N572
AUTOROUTE
Lambesc
St-Martin-de-Crau
D570
SALON-DE-PROVENCE
CHAINE DE LA TREVARESSE
Grans
Etang du Charnier
Miramas
La Fare-les-Oliviers
DU SOLEIL
Eguilles
PLAINE DE LA CRAU
A8
PARC REGIONAL DE CAMARGUE
Coudoux
AIX-EN-PROV
Etang de Vaccarès
Canal d'Arles
Ventabren
St-Chamas
Le Sambuc
N568
Velaux
D36
D35
ISTRES
ETANG DE BERRE
Berre-l'Etang
St-Maries-de-la-Mer
St-Mitre
Fos-sur-Mer
Martigues
Golfe de Beauduc
Salin-de-Giraud
Port-St-Louis
Port-de-Bouc
Golfe de Fos
Marignane
CHAINE DE L'E
CHAINE DE L'ESTAQUE
St-Antoine
L'Estaque
Plan-de-
A55
MARSEILLE
Carry-le-Rouet
Rade de Marseille
0
5 km
10 km
15 km
20 km
1
2
3
4
5
6
7
8
9
10
11
12
14
15
16
17
18
19
20
21
22
23
24
25
26
27
28
29
30
31
32
33
34
35
36
37
38
39
40

Sommaire

Comment utiliser ce guide

Classification des balades

Difficulté

Très facile

Facile

Moyen

Difficile

Longueur

Jusqu'à 5 km

De 5 à 10 km

De 10 à 15 km

Plus de 15 km

Itinéraire
Faisable en VTT

Itinéraire présentant
un passage délicat

Itinéraire présentant un
passage en terrain privé

Légende des cartes

1 Repère numéroté

Itinéraire de la balade

Route carrossable

Chemin non carrossable

Voie ferrée

Légende des cartes : signification des symboles

Lieu de parking - Départ de la balade

Point de vue - Sommet - Vent violent

Passage vertigineux - Curiosité

Gîte - Refuge

Aire de pique-nique - Camping

Promenade très facile - Montée
difficile - Descente dangereuse

Eglise - Monastère, abbaye

Chapelle - Cimetière, tombe - Calvaire

Château - Ruines - Fort, fortifications

Ancien moulin - Grotte - Pont

Moulin à vent, à eau - Eoliennes

Borie - Dolmen - Menhir

Curiosité botanique, Curiosité
botanique tropicale - Marais

Arboretum, arbre remarquable - Cactus

Présence de cervidés, de papillons,
d'oiseaux de marais : échassiers divers,
flamants roses.

Cascade - Source - Nidification de rapaces

Phare - Mouillage - Plage

Passage à gué - Station de ski

Par souci de commodité nous vous donnons d'entrée les clés qui vous permettront de profiter de tous les avantages de ce guide et de tous les plaisirs de la balade : vous pourrez vous y référer facilement à tout moment. Les symboles visuels, l'illustration des cartes et les fiches techniques ont été réalisés pour faciliter votre choix : en un coup d'œil vous savez l'essentiel sur chaque balade... et les photos vous donnent un aperçu de ce que vous allez découvrir. l'itinéraire d'accès et la description sont là pour vous guider ensuite avec précision sur le terrain... et vous signalent la moindre curiosité. Enfin, les encadrés en disent plus aux baladeurs curieux.

Les précisions et les conseils de cette double page sont précieux. N'hésitez pas à y revenir : le plaisir et la sécurité valent bien la peine de s'informer.

Longueur

Elle varie dans cet ouvrage de 1 à plus de 18 kilomètres. La plupart des itinéraires forment une boucle. Les autres sont calculés en tenant compte de l'aller et du retour. La longueur est donnée dans la fiche technique et rappelée par le fond de couleur du symbole de difficulté.

Dénivelé

Il correspond à la différence entre la plus haute altitude et la plus basse du circuit, sans mentionner le nombre de descentes et de montées successives.

Durée

Elle va d'une heure à sept heures (la moyenne s'établissant autour de trois heures). Certaines balades offrent deux formules possibles, un circuit court et un circuit long, pour que chacun puisse choisir. La durée est calculée d'après une allure relativement lente sans tenir compte des pauses. Il est donc possible d'arriver avec une demi-heure d'avance ou de retard. Cela dépend de la forme, de l'âge et du nombre de baladeurs.

On marche souvent plus lentement en groupe qu'en solitaire.

Période

Mises à part les ascensions au Ventoux avec les risques d'enneigement, la quasi-totalité des balades peut s'effectuer à n'importe quelle saison. On tiendra compte cependant des prévisions météorologiques : l ne faut pas s'aventurer sur les sommets ou dans les canyons par temps d'orage ou de forte pluie. On veillera aussi à éviter, l'été, d'organiser de grosses marches dans les garrigues surchauffées. En plus de la canicule, il ne faut pas sous estimer les risques d'incendies. C'est pour cette raison, d'ailleurs, que l'accès à certaines zones est interdit l'été.

La balade sera choisie en fonction de la saison. Elle revêt un charme particulier selon qu'elle est effectuée dans la floraison multicolore d'une paisible journée de printemps, par mistral sous un ciel d'azur éblouissant ou dans l'embrasement des feuillages à l'automne.

Equipement

Balade facile :

chaussures de tennis ou de marche légères, genre pataugas.

1/2 litre d'eau par personne, un pull et un coupe-vent de secours.

Randonnée classique :

chaussures de marche à tige montante et semelle Vibram, petit sac à dos bien adapté contenant pull et anorak chauds et légers, gourde d'eau, casse-croûte et quelques aliments énergétiques, lampe électrique, lunettes et crème solaire, bob en saison, couverture de survie, une paire de jumelles.

Conseils

- Démarrez doucement, surtout en montée
- Marchez régulièrement au rythme de votre pas.
- Dévêtez-vous pendant l'effort, couvrez-vous à l'arrêt

Passages délicats :

Malgré le choix délibéré de proposer des balades accessibles à tous, certains circuits peuvent présenter pour certains ou à certaines époques de l'année, quelques risques (sol mal stabilisé, à-pics en bordure de falaise, éboulis, inondation en période de crue, petits pas à franchir). Ils vous sont signalés pour que vous mesuriez vos capacités avant votre départ et sachiez, une fois parti, à quel moment il est préférable de tenir vos enfants par la main.

Propriété privée

Il arrive qu'une balade traverse des terrains privés. Pour remercier les propriétaires de leur tolérance et les encourager à continuer à laisser le passage, il est demandé de respecter les lieux et de rester discret (ne pas abîmer, ne pas laisser d'ordure, observer les animaux sans les déranger et admirer les fleurs sans les cueillir).

Balisage

Parfait pour certaines balades, notamment celles qui utilisent des sentiers de grande randonnée (GR), il arrive qu'il laisse plus à désirer pour d'autres, soit qu'il soit modifié ou même effacé, voire en cours de réalisation. Il est donné à titre indicatif. En cas de doute sur un itinéraire, reportez-vous à la description et à la carte.

Recommandations

- Soyez vigilants en période de chasse (du 15 septembre au 15 février en général)
- Evitez la divagation des chiens qui effraient les animaux.
- Refermez bien les clôtures
- Ne souillez pas les points d'eau et remportez les reliefs de votre pique-nique
- Ne faites jamais de feu et évitez de fumer
- Restez discret, c'est le meilleur moyen de surprendre la vie sauvage
- Ne cueillez ni plantes ni fleurs (d'ailleurs c'est interdit dans les Parcs régionaux du Lubéron et de Camargue). C'est le plus sûr moyen d'en conserver la beauté.

Prenez enfin le temps de vous extasier, de humer, de vivre les balades avec vos sens, plutôt que de fouler les sentiers le nez sur vos chaussures et l'esprit de compétition en tête. Vous deviendrez le baladeur curieux auquel ce livre s'adresse, en vous intéressant aux merveilles de la nature, originales en cette région méditerranéenne, et au patrimoine historique oublié, que nos itinéraires vous convient à explorer. Bon pied, bon œil, le bonheur est au bout du chemin.

Balisage présent sur le terrain

BALISAGE OFFICIEL F.F.R.P. (modèles déposés)	Grande Randonnée	Grande Randonnée de Pays	Petite Randonnée	
Continuation de chemin				
Changement de direction				
Mauvaise direction				

Avant-propos

"...Venez ! il reste les collines, Alpilles comme Luberon, la Sorgue à Fontaine de Vaucluse, les villages cuits au soleil, oubliés par l'exploitation, les restes romains défiant l'outrage et tous ces paysages secrets, charmants, intimes, dont nous pouvons, dont nous devons, dont nous allons nous régaler ensemble..."

Marie Mauron

"Ombres et lumières sur la Provence"

Ecrire un guide de balades, c' est proposer au lecteur de l'emmener sur les sentiers qu' on a aimés pour lui faire partager ses coups de coeur. Un chemin en corniche, un parcours sur une crête, la traversée d'un village médiéval, un regard sur une abbaye. La Provence offre tant d'occasions de s'émerveiller, elle qui à chaque pas vous confond par la beauté de son paysage, la pureté de son ciel lavé par le mistral, les carrés mauves de ses lavandes, la verte ondulation de ses vignes, et les parfums qui montent de sa garrigue.

Car Avignon, ville privilégiée de la vallée du Rhône, où les civilisations se sont succédées depuis l'Antiquité, a la chance d'être entourée de montagnes et collines à la personnalité bien marquée, aux noms évocateurs et qui constituent un attrait essentiel pour la région. Les Dentelles de Montmirail dressent leurs falaises ciselées vers le ciel, la pyramide du Ventoux impose sa hauteur de presque 2000 mètres sur la plaine provençale, les Monts de Vaucluse étalent leur terre ocre rouge, le Luberon accroche ses villages en haut de falaises abruptes, les Alpilles protègent les rochers déchiquetés de la Cité des Baux, les garrigues du Gard dominent de profonds canyons. Sans compter que la descente du Rhône depuis Avignon conduit à la mer par la Camargue, paradis des oiseaux.

Pas besoin d'avaler des kilomètres de voiture. Avignon est proche de toutes ces richesses. La difficulté est plutôt de sélectionner les "plus" belles balades. Quels critères retenir au milieu d'une telle diversité? J' ai opté pour un choix de promenades accessibles à tous et de longueur variée, des circuits tracés autour de curiosités naturelles, de sites chargés d'histoire, de sommets à gravir. Et je leur ai souvent donné comme point de départ un village attrayant.

Arrivée dans la région il y a dix ans, avec au coeur le goût de la montagne, ayant ramené d'un long séjour en Afrique l'amour des grands espaces ensoleillés et des hommes qui les habitent, je me suis mise en route, sillonnant les collines alentour, et je suis tombée sous le charme de la Provence. Anne-Sophie m' a accompagnée, apportant ses talents de photographe développés pendant des voyages au long cours. Le lever du soleil sur le Ventoux après une ascension de nuit, la découverte du canyon d'Oppédette, la remontée du Toulourenc dans le lit du torrent, resteront parmi nos meilleurs souvenirs, et il faudrait en citer tellement d'autres.

Au rythme de la marche, la nature se laisse apprivoiser et les sens s'éveillent aux couleurs, aux parfums, aux bruits, au silence, à la vie sous toutes ses formes. En Provence, on s'énivre aux senteurs des tilleuls en fleurs dans les Baronnies, on surprend les mouflons dans le Ventoux, on reconnaît le chant de l'alouette dans le Lubéron, on s'émerveille de l'or des genêts dans les Alpilles.

Et malgré la fréquentation touristique de la région, on peut toujours trouver un coin tranquille pour se promener avec ses meilleurs amis, même en pleine saison estivale.

En Provence, les sentiers sont parfois millénaires, assortis de légendes. Ils permettent de suivre les pas des hommes préhistoriques dans la vallée de l'Aiguebrun, des Romains sur le tracé de l'aqueduc du Gard, des Seigneurs des Baux sur leur nid d'aigle, de Mireille l'héroïne de Mistral sur les chemins de Camargue, sans oublier les paysans sur les drailles qui mènent à leur borie. On peut imaginer Pétrarque et son frère gravissant les pentes du "géant", Daudet sur la Montagnette, Van Gogh dans les Alpilles.

Des cîmes du Ventoux aux vastes horizons de Camargue, du majestueux pont du Gard au collines ondulantes du Lubéron, ce livre propose des sentiers variés à parcourir pas à pas et à déguster. Il réunit plusieurs types de balades, de la randonnée sportive à la détente familiale, en passant par la recherche archéologique ou botanique. Les photos sont là pour vous suggérer la beauté des paysages et vous inciter à aller les découvrir avec vos propres yeux. Les textes vous invitent à faire le premier pas pour vous donner le goût de poursuivre à votre rythme la découverte de cette région si attachante.

Bonnes balades !

Provence minérale aux couleurs et aux formes extravagantes pour le plaisir des yeux. Senteurs enivrantes pour vous emporter la tête (ici en fleurs : le romarin, le thym, la lavande française et le lavandin). L'eau, enfin, pour se rafraichir, fait par endroit le spectacle : chutes, cascades et exurgences prodigieuses telle la célèbre Fontaine de Vaucluse.

CB

J.-M.R.

CB

1 LE TOUR DES DENTELLES DE MONTMIRAIL
la Chapelle Saint-Christophe - La crête du Clapis

A 40 km au Nord-Est d'Avignon, un circuit au paradis des grimpeurs dans les aiguilles et les rochers découpés en dents de scie.

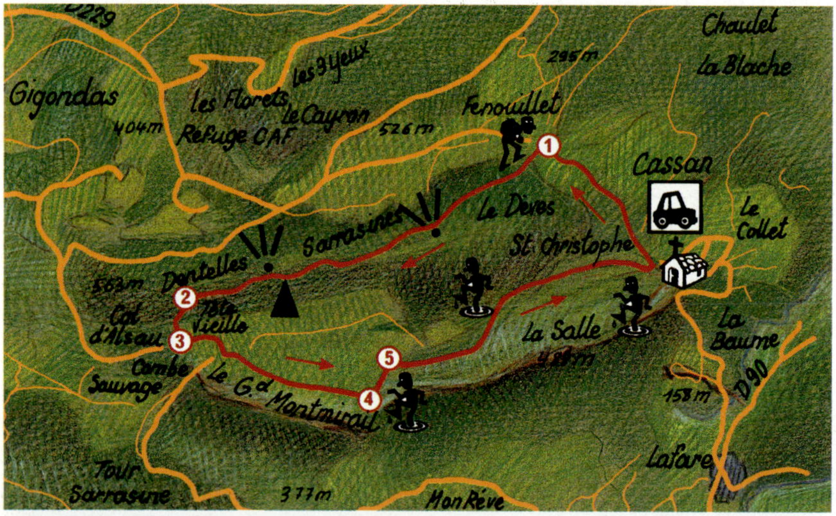

ASB

fiche technique

Longueur : 8 km
Dénivelé : 350 m
Durée : 3 h 30
Difficulté : une montée et une descente très raides
Période : demi-saison, hiver- temps sec
Equipement : bonnes chaussures
Point d'eau : sans
Balisage : rouge-brun, bleu, jaune
Carte Michelin : n° 81 pli 12
Cartes IGN : 1/25000 n° 3040 est Beaumes-de-Venise et 3140 ouest Vaison-la-Romaine

itinéraire d'accès

D'Avignon vous prenez la route de Carpentras (D225, D942) et à la sortie de Carpentras, la D7 à gauche en direction des Dentelles de Montmirail ; vous allez jusqu' à Aubignan que vous traversez pour prendre à droite la D 90 qui se dirige vers Suzette. Vous passez à Beaumes de Venise avant d'atteindre le joli village de Lafare où vous empruntez à gauche la petite route étroite qui indique les Dentelles. Dans un virage, elle passe à côté d'une cascade, avant de remonter jusqu' au pied d'une falaise qui domine la Chapelle Saint Christophe. Vous stationnez dans le tournant. (Un balisage jaune sur un arbre remonte du Vallat de l'Aiguille, notre chemin de retour).

description

Sur votre gauche, le massif des Dentelles avec ses aiguilles dressées vers le ciel vous attend pour un parcours au coeur de ses deux lames rocheuses.
Vous continuez la petite route qui descend vers la ferme de Cassan où vous pourrez voir un élevage

Dentelles de Montmirail

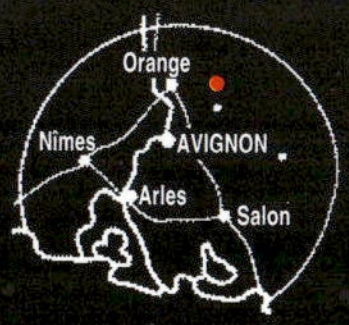

de sangliers et déguster de bons vins. Vous marchez jusqu' à un carrefour de pistes où la route cesse d'être goudronnée et choisissez la direction du Col du Cayron. A dix mètres du croisement, juste après un petit pont (1), vous prenez à gauche le long d'une vigne. Après avoir contourné son extrémité, vous vous hissez sur le flanc nord des Dentelles vers un taillis de chênes verts aperçu un peu plus haut. La pente est abrupte et un semblant de sentier sillonne les éboulis en direction des falaises. Gardez bien le cap sur la trouée, à droite du massif rocheux. Vous arrivez à proximité des premières parois. Un balisage brun-rouge pas toujours très visible vous conduit vers d'autres lames rocheuses. Le sentier dont la pente s'adoucit longe les pieds des rochers. Pour ne pas risquer de le perdre, il est bon de se tenir à une courte distance des falaises. Voici apparaître sur votre gauche la première brèche (ceux qui veulent s'offrir le détour bénéficieront d'un coup d'oeil unique sur les aiguilles rocheuses 1/2 h AR). La sente s'infléchit ensuite légèrement. (Il ne faut pas se laisser tenter par les nombreux sentiers qui descendent au col du Cayron, visible en contre-bas). Des points bleu-foncé vont jalonner votre parcours le long des parois jusqu' à l'extrémité du massif qui semble s'étirer à l'infini. Les falaises les plus élevées se dessinent avec leurs sommets, le rocher du Turc qui culmine à 626 m et celui des Florets. Des grimpeurs multicolores s'agrippent aux nombreuses parois. Un panorama unique s'ouvre sur le vallon, ses coteaux, ses vignobles, la Grande Montagne et le Mont Saint Amand. Evitez de vous laisser attirer par le haut des

ASB

Couchers de soleil sur les dentelles : dentelles fines et délicates de verdure coiffant une vigne prometteuse de quelques délicieux nectars de Provence, dentelles minérales et tranchantes, chauffées au rouge par une longue journée de canicule.

ASB

CB

Un abri dans une chapelle.

Il suffit de lever les yeux pour apercevoir la chapelle Saint Christophe au pied d'une imposante falaise qui fait face aux chaînes des Dentelles. On y accède par un sentier dans les éboulis. Petit édifice roman avec une abside en cul de four, elle vient d'être restaurée et mise en valeur par l'Association "Alpes de Lumières" pour servir d'abri aux randonneurs. Il y règne le silence et une intense beauté. Le sommet de la falaise qui la domine est accessible au prix d'une petite escalade. De là-haut la vue est imprenable sur les massifs rocheux et le Ventoux proche.
En redescendant, on peut remarquer au début du sentier, un rocher portant des empreintes de sabots. La légende veut y voir celles du cheval de Saint Christophe.

CB

Les sangliers de la ferme de Cassan.

Les sources de Montmirail

Au pied des Dentelles existe à proximité de Vacqueyras, un coin secret, isolé, nostalgique d'un passé trop vite oublié : Montmirail fut une station thermale très à la mode, une des plus importantes de Provence au XIXème siècle. Alimentée par une source sulfureuse et par une source saline "l'eau verte" qui sortait d'une grotte blottie au fond d'un vallon. Elle fut fréquentée par des curistes célèbres, notables et gens de lettres comme Mistral ou Sarah Bernhardt, qui se pressaient en foule pour "prendre les eaux". Détruite pendant la dernière guerre, la station fut abandonnée. On peut y voir encore le château à tourelles qui a été réaménagé et l'immense hôtel réouvert aux amateurs. Mais des thermes ne subsistent que des grottes envahies par la végétation et des galeries dans lesquelles coule un filet d'eau.

falaises et suivez le sentier qui passe au pied des rochers. Il vous mène à une seconde brèche qui permettrait de franchir la crête par un passage escarpé (points turquoises et rouges). Nous optons pour une voie plus facile tout au bout du massif. Vous longez encore sur 200 m les derniers contreforts et les rochers de Tête Vieille. A leur extrémité, quand le sentier passe en crête et descend légèrement à droite au niveau d'un petit bois de chênes-verts et de genévriers pour filer vers Gigondas, vous descendez tout de suite à gauche (2). Une sente non balisée très raide pique dans les cailloux en direction du col d'Alsau et gagne la piste qu' il faut remonter à gauche jusqu' à lui. Au col, un escalier (3) ouvre l'accès des Dentelles du Grand Montmirail. Le sentier marqué de jaune qui lui fait suite serpente sur le flanc nord, offrant une vue sur les Dentelles Sarrazines (que nous venons de quitter) et leurs vignes installées en terrasses. Vous voilà au coeur même du massif, entre les deux chaînes de Dentelles : Montmirail d'un côté, Sarrazines de l'autre. Vous vous dirigez tout droit vers l'arête de la crête du Clapis. (4) En suivant toujours les marques jaunes, vous traversez à gauche un passage rocheux et "plongez" dans le Vallat de l'Aiguille. La descente de quelques pierriers vous amène au fond du vallon où vous passez un gué (5). Le sentier s'oriente vers l'Est et parcourt la combe dans un sous-bois agréable de chênes et de buis. Il longe un moment le ruisseau puis le traverse pour remonter sur l'autre versant. En chemin vous aurez pu entendre sinon voir, l'animation qui règne dans le ravin de la cascade en contre-bas. Une dernière grimpette vous ramène au lieu du départ. Si vos forces vous le permettent, vous pourrez monter visiter la chapelle Saint Christophe. Vous ne le regretterez pas.

LES DENTELLES DE MONTMIRAIL : DES MONTAGNES DANS LE VIGNOBLE

En Provence, au sud de Vaison la Romaine, un curieux massif de collines accroche au ciel ses lames de rochers verticales. Les plissements alpins et l' érosion ont façonné ces crêtes rocheuses finement aiguisées, découpées, ciselées, parfois même ajourées comme de la dentelle : un joyau de la nature, un décor irréel de conte de fées.
Il s'étend sur 12 km de long et 9 km de large, culminant au Mont Saint Amand à 734 mètres et se compose de 3 chaînes parallèles orientées Est Ouest, la Grande Montagne au Nord, les Dentelles sarrazines

proches de Gigondas au centre et celles du Clapis ou du Grand Montmirail au Sud.
Sur les flancs des collines boisées de pins et de chênes, des vignes s'étirent, palettes de couleurs vives sous la lumière intense du soleil : vert sombre des forêts et tendre des vignes, brun-rouge de la terre, blancheur des falaises se découpant sur le bleu du ciel.
Aux alentours, un chapelet de villages ont conservé la disposition qu' ils avaient au Moyen Age, un château-fort perché, des remparts percés de portes fortifiées et intégrant l' église, une place du marché avec ses fontaines et des maisons imbriquées les unes dans les autres. Adossés à leur colline ils sont célèbres pour leur site, leur histoire et la réputation de leur production viticole. Gigondas, couronné par son château médiéval et son église étend ses vignobles sur les coteaux de tout le massif et produit un des meilleurs crus des côtes du Rhône. Sablet et Vacqueyras, installés plus bas dans la plaine et construits en rond autour de leur campanile, produisent également des vins renommés. Vacqueyras a même rejoint le groupe des crus des Côtes du Rhône. Séguret, village fortifié appelé "village crèche" à cause de ses artisans santonniers et de sa Messe de Minuit, étage ses ruelles sur un dôme et produit des vins classés en appellation "villages". Rasteau, belvédère sur les Dentelles, du haut de son château du XIIème siècle et de son église au clocher-arcade, produit un vin doux célèbre. Au pied du plateau de Durban, haut lieu de l' histoire où se trouvent les ruines d'un Castellas (ancien oppidum ligure), Beaumes-de-Venise situé à proximité d'une des plus belles chapelles romanes de Provence, Notre Dame d'Aubune, nous régale de son muscat et de son Côtes-du-Rhône.
A l' autre extrémité, l' on atteint, par une petite route tortueuse et étroite, Lafare un village tout doré qui fait face aux escarpements des Dentelles, la Roque d'Alric blotti à l' abri de son gros rocher, Suzette, le plus petit, avec ses vues infinies sur les sommets alentour, (le Mont saint Amand, les Baronnies, le Ventoux, les Alpilles). Tous les 3 sont en aire d'appellation côtes du Rhône village.
Au pied du Saint Amand se cachent au fond d'un ravin difficilement accessible parce qu' envahi par la végétation, les ruines du monastère de Prébayon, un couvent occupé par des religieuses dès le 7ème siècle, englouti plus tard par le torrent de Trignon en furie. Tout près coulerait une source qui avait la propriété de rendre la vue aux aveugles...
Le massif des Dentelles est un lieu privilégié pour les grimpeurs de tous niveaux qui ont le choix entre les rochers de l' école d'escalade, toute la gamme des hautes parois allant jusqu' à 100 m de hauteur et l' ascension du point le plus élevé, la dent du Turc, qui atteint 627 m.
C' est aussi un paradis pour les randonneurs. Le col du Cayron au coeur du massif et au pied des falaises est le point de départ de nombreux sentiers.

2 LA GRANDE MONTAGNE
Gigondas - la crête - le sommet de St Amand

A 40 km au Nord Est d'Avignon un circuit en crête qui offre des points de vue variés sur les aiguilles des Dentelles Sarrazines et les vignobles. En prime une courte ascension vers le belvédère de Saint Amand.

fiche technique

Durée : 2h30 (+1h pour la montée à Saint Amand)
Dénivelé : 350 m
Difficulté : aucune
Période : toutes saisons
Equipement : randonnée légère
Balisage : points jaunes
Carte Michelin n° 81 Pli 2
Carte IGN 1/25000 : 3040 Est Beaumes de Venise - 3140 Ouest Vaison la Romaine

itinéraire d'accès

D'Avignon vous prenez la direction de Carpentras (D 225 et D 342) puis à la sortie de Carpentras la route des Dentelles de Montmirail (D7). Vous allez jusqu' à Vacqueyras et tournez ensuite à droite vers Gigondas. Avant d'entrer dans le village, vous prenez à gauche la piste goudronnée qui se dirige vers le col du Cayron. Vous la suivez jusqu' au gîte des Florets où vous pourrez stationner (fin du goudron). Vous pouvez aussi monter au col du Cayron en voiture (piste carrossable).

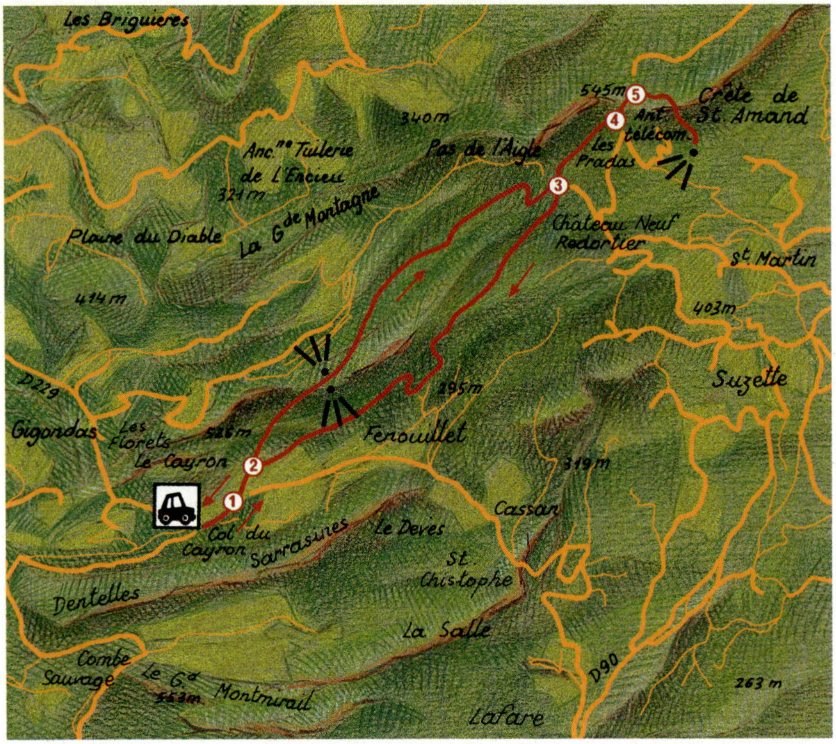

description

La balade part du col du Cayron, au pied des Dentelles. Vous laissez les Sarrazines à droite, pour gravir la Grande Montagne qui leur fait face et s'étend à gauche jusqu' au mont Saint Amand, point culminant du massif.

Vous vous engagez sur la piste qui descend à l'Est vers le village de Lafare. Après avoir fait cent mètres (1) vous la quittez pour prendre celle de gauche et deux cents mètres plus loin remonter un sentier raide qui s'élève encore à gauche (2) vers le rocher d'escalade. Vous laissez les grimpeurs et progressez vers l'Est à flanc de colline. Pendant l'ascension régulière et rapide, les massifs des Dentelles se dévoilent à travers la végétation. Vous parvenez à la crête (ou selle) qui offre des vues dégagées alentour notamment sur le village de Sablet. Le sentier file à droite en ligne de crête avec de légères dénivellations. La marche se poursuit tantôt à découvert devant un panorama toujours renouvelé, tantôt sous les frais ombrages des chênes verts et blancs. Un très court passage délicat oblige à contourner un rocher par la droite. Après un dernier sous-bois, les sentiers se croisent. Le randonneur doit s'orienter à gauche pour remonter sur la crête vers les sommets les plus élevés. A leur extrémité, la descente s'amorce sur un ancien chemin muletier bordé de pierres, qui dessine une boucle vers le sud. Il rejoint une piste qu' il faut descendre à droite vers le "Pas de l'Aiguille" (3). Au-dessus du col, car-

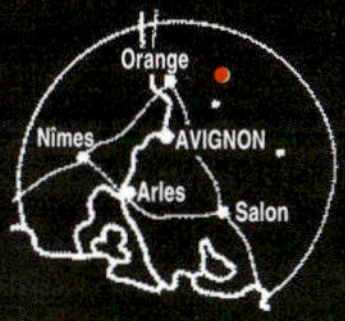

ASB

refour de chemins, la montagne de Saint Amand domine le massif des Dentelles. Une piste de retour empruntée à droite, permet à ceux qui le souhaitent de redescendre. Elle revient vers le col du Cayron en longeant la Grande Montagne, face aux Dentelles Sarrazines, dernier spectacle et non des moindres.

Pour les plus courageux : l'ascension de la crête de Saint Amand

Au col , un balisage jaune sur un tronc d'arbre invite à contourner de toutes jeunes vignes. Vous empruntez à gauche un chemin balisé jaune qui s'élève dans les pins vers un épaulement et rejoint la piste goudronnée venant du village de Suzette (4). Le mont Saint Amand est visible au-dessus. Pour l'atteindre, vous remontez à gauche cette piste sur 200 m jusqu'à un raidillon que vous prenez à droite (5). Il monte au sommet à 732 m où un calvaire est installé au-dessus d'un à-pic. Le panorama est beau à vous couper le souffle... (Vous l'avez bien mérité !) : devant vous, le massif des Dentelles noyé dans ses vignobles, dans le vallon, le village de Suzette, tout près, la Grande montagne et au loin, des vagues de collines ouvrant la vallée du Rhône.

Vous descendez par le même chemin jusqu'au Pas de l'Aiguille. De là, vous vous diriger tout droit vers le col du Cayron par la piste qui court au pied de la Grande Montagne. Elle vous ramène vers les Dentelles Sarrazines, dorées si vous rentrez au soleil couchant.

Les dentelles, toujours les dentelles : comme la gigantesque machoire d'un dinosaure, carriée au fil des siècles par le machonnage des vignobles environnants. Le massif, vu depuis la Grande Montagne, ici, une molaire encore relativement intacte.

ASB

3 AUTOUR DE SEGURET
la chapelle N. Dame d'Aubusson - le tour du mont Bayon

A 45 km au Nord-Est d'Avignon, un circuit dans les pins et les vignobles des collines qui dominent le célèbre village.

fiche technique

Longueur : 8 km
Dénivelé : 200 m
Durée : 3 h
Difficulté : aucune
Période : demi-saison, hiver
Equipement : randonnée légère
Point d'eau : Séguret
Balisage : rouge et blanc (GR), points jaunes, bleu
Carte Michelin : n° 81 pli 2
Cartes IGN 1/25000 : 3140 ouest Vaison la Romaine - 3040 Est Beaumes de Venise

itinéraire d'accès

D'Avignon, vous prenez la route de Carpentras (225 et 942) et à Carpentras la D 5 puis la D7 en direction de Vaison-la-Romaine. Après Gigondas et Sablet vous tournez à droite vers Séguret et stationnez à l'emplacement aménagé dans le bas du village.

description

Vous redescendez vers les premières maisons de Séguret et remarquez sur votre droite l'ancien lavoir. Quelques mètres plus bas vous empruntez, encore à droite, une petite route qui passe devant la chapelle rurale Notre-Dame. Vous y trouvez le GR 4 avec son balisage rouge et blanc et un balisage local de points jaunes. Vous les suivez, d'abord sur la voie goudronnée, puis sur une piste qui passe en balcon au-dessus de la vallée couverte de vignobles. Devenue sentier, elle traverse un taillis de chênes verts et pubescents et de plantes parfumées puis accueille à gauche un chemin qui monte de la plaine. Vous poursuivez votre marche dans le vallon de Fournas en négligeant à droite une voie très peu visible qui monte vers le col situé entre les sommets d'Aubusson et de Sommier. Arrivé à un croisement de pistes, vous laissez le GR partir tout droit vers le Nord (1) et prenez à droite le sentier jalonné de points jaunes qui parcourt un sous-bois et au bout de deux cents mètres oblique brusquement à droite

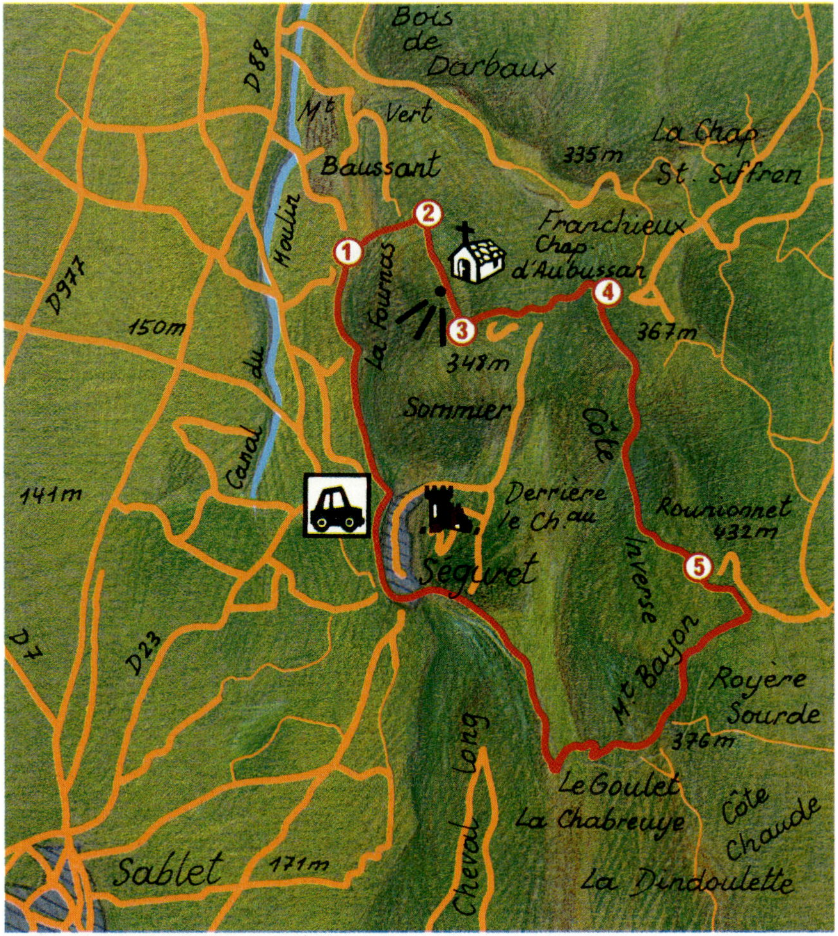

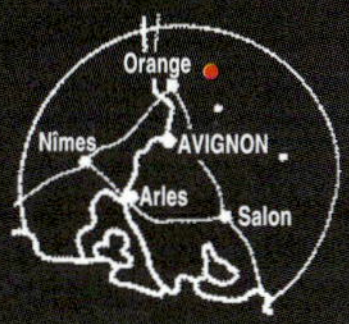

pour gravir la colline. Le sentier escarpé devient rocheux à l'approche du sommet (2) où sur un promontoire trop étroit est assise la petite chapelle Notre-Dame d'Aubusson. Reconstruite au 18ème siècle, mais malheureusement assez délabrée et ouverte à tous les vents, elle sert de belvédère sur un paysage typique : collines boisées de pins, coteaux plantés de vignes, et en toile de fond les Dentelles Sarrazines et le mont Ventoux majestueux. Il paraît que les premiers communiants montaient à la chapelle déposer leur couronne à la Vierge, dans des temps plus anciens.

Vous descendez vers le sud par un sentier assez raide qui mène au col entre Sommier et Aubusson. En été, les cigales accompagnent vos pas de leur chant rythmé. Au niveau de la vigne, vous obliquez deux fois à gauche (3) pour contourner une maison en ruine. Vous prenez encore à gauche une piste goudronnée puis tout de suite à droite, plein sud, une autre balisée en bleu (4) qui permet de faire le tour du mont Bayon. La marche se poursuit au milieu d'un paysage vallonné, tantôt dans des sous-bois de pins parfumés, tantôt à découvert au milieu des vignes alignées. En face, se dresse altière, la crête de Saint Amand. Vous coupez une boucle de la route en suivant le tracé bleu et au niveau d'une vigne, vous laissez la route partir à gauche (vers l'Est) pour emprunter à droite la piste qui rejoint le GR 4 (5) et reconduit au village de Séguret. Vous passez devant un atelier de santons : les artisans de Séguret sont des spécialistes de la fabrication des figurines. Vous contournez la colline du village et son château en ruine et parvenez à Séguret par une ruelle fleurie. Partez donc à la découverte de ce

CB

CB

L'arrivée sur la chapelle Notre-Dame d'Aubusson et la visite de son intérieur. Depuis le vignoble, le village de Séguret, comme un diadème posé sur la colline.

J.-M.R.

joli village tout en étage. Remontez les ruelles pavées en remarquant les nombreux passages voûtés et les maisons qui s'ouvrent parfois sur deux niveaux. Ne manquez pas de visiter tout en haut l'église romane du XIIème avec sa terrasse dominant la plaine comtadine, la place des Mascarons où un beffroi surmonté d'un campanile côtoie un lavoir et une fontaine aux mascarons cracheurs, la chapelle des Pénitents qui est utilisée pour les expositions. Revenez par la porte Reynier du XIIème siècle située à l'entrée du village, tout près du lieu de départ de la balade.

Gigondas, une cité viticole

Le village de Gigondas, commune de l'ancienne principauté d'Orange, s'étend sur près de 3000 ha autour des Dentelles de Montmirail. Son nom proviendrait de sa situation privilégiée, (jucundum signifie agréable). La nature de son sol et la bonne exposition de ses coteaux en ont fait depuis des temps très anciens, une terre de vigne. Pline en parlait déjà dans son Histoire Naturelle et plus tard les Evêques d'Orange au XIVème siècle développèrent le vignoble. Aujourd'hui le Gigondas est surtout vinifié en rouge, parfois aussi en rosé. Le cépage de base est le Grenache, appuyé par le mourvèdre et la syrah. Il est caractérisé par sa richesse en alcool (13,5 à 15 °), sa souplesse, son bouquet, sa puissance, son caractère, son aptitude au vieillissement. Le Gigondas est un grand cru des Côtes du Rhône qui fait la renommée de son village.

S.M.

"La cigale ayant chanté tout l'été..."

Quand le mâle chante, l'été, dans les oliviers, c' est tout le symbole de la Provence. Ses deux mem-

Noël à Séguret

C'est un des plus jolis villages de Provence, dominé par un donjon et situé sur une colline toute ronde entourée de vignes. Les santonniers y fabriquent les figurines en argile séchée peintes à la main qui ornent les crèches, représentant les personnages bibliques et les corps de métiers. Le village lui-même ressemble à une crèche vivante la nuit de Noël : selon une tradition très ancienne, on installe une immense étoile sur la colline et les habitants en costume interprètent une pastorale en Provençal. Chaque famille y joue un rôle et celui de l'enfant Jésus est tenu par le dernier-né du village. On chante des Noëls provençaux, dont les plus célèbres sont dus à Nicolas Saboly. Séguret, un village de légende...

ASB

branes bombées élastiques muées par un jeu de muscles vibrent à la manière de cymbales. En Provence, on trouve la petite cigale, la Cicada orni, plus rarement la grande cigale plébéienne. Comment imaginer que ces insectes vivent la plus grande partie de leur existence (leur vie larvaire dure presque 4 ans), dans des galeries souterraines ? Ils sortent de terre tout neufs au début de l'été, pour vivre quatre à six semaines, de chant et d'amour ...
Depuis La Fontaine, on les prend pour des paresseuses, pourtant il leur faut une certaine dose de courage pour répandre inlassablement leur "musique" dans tout le Sud de la France.
Point de graines pour subsister, la cigale se gorge de la sève des arbres et des arbustes, l'été uniquement, puisqu'elle n'apparaît jamais dans les pinèdes avant juin et qu'elle disparaît dès les premiers froids de l'automne, bien souvent dès septembre. La cigale, comme la fourmi, ne connaît donc jamais la brise de l'hiver... **S.M. - J.-M.R.**

S.M.

Le troubadour des pinèdes. Le Pont romain de Vaison, dont la résistance aux outrages du temps et aux éléments est désormais célèbre.

ASB

Une ville martyre

(balade suivante)

Sur les rives de l'Ouvèze, aux abords du camping et du Centre “à coeur Joie”, comment ne pas évoquer le drame qui a frappé la cité paisible de Vaison-la-Romaine paisible et les villages environnants, le 22 septembre 1992. Cet après-midi-là, l'Ouvèze en crue est sortie de son lit, torrent boueux dévastateur qui a tout emporté sur son passage : hommes, ponts, habitations, vignes, laissant derrière elle un spectacle de désolation et des blessures inguérissables.

4 LE CHEMIN DES FONTAINES
la ville Médiévale de Vaison, Crestet, les rives de l'Ouvèze

A 50 km au Nord-Est d'Avignon, quittez le vieux Pont Romain pour une promenade moyenâgeuse entre la Haute Ville de Vaison et le célèbre village de Crestet.

fiche technique

Longueur : 9 km
Dénivelé : 170 m.
Durée : 3 h
Difficulté : aucune
Période : toute l'année
Equipement : léger
Point d'eau : Vaison, Crestet
Balisage : points bleus
Carte Michelin : n° 81 plis 2 et 3
Carte IGN : 1/25000 n° 3140 ouest

itinéraire d'accès

D'Avignon , prenez la N 7 direction Orange. Laissez Courthezon sur la droite et prenez 1 km après, la D 977 jusqu'à Vaison- la- Romaine. Garez-vous le long de l'Ouvèze, en rive droite, vers le quai Gontard, un peu avant le Pont Romain.

description

La balade part du célèbre Pont Romain que vous traversez pour vous diriger vers la Ville Haute. Vous franchissez une première porte de défense qui mène à la Place du Poids . Tournez à gauche au niveau de la Porte Vieille et remontez la rue de l'Horloge vers la tour du Beffroi au campanile en fer forgé. Dotée d'un pont-levis, cette entrée fortifiée était la seconde ligne de protection de la ville. Vous remontez vers l'ancien Hôtel de Ville pour prendre à droite (1) la rue en plat qui passe devant la chapelle des pénitents blancs, l'hôtel du Marquis de Taulignan et l'ancien Evéché... En passant, admirez la place du vieux marché à l'ombre d'un platane et sa vieille fontaine aux mascarons cracheurs. Vous êtes sur le chemin des Fontaines. Après avoir contourné

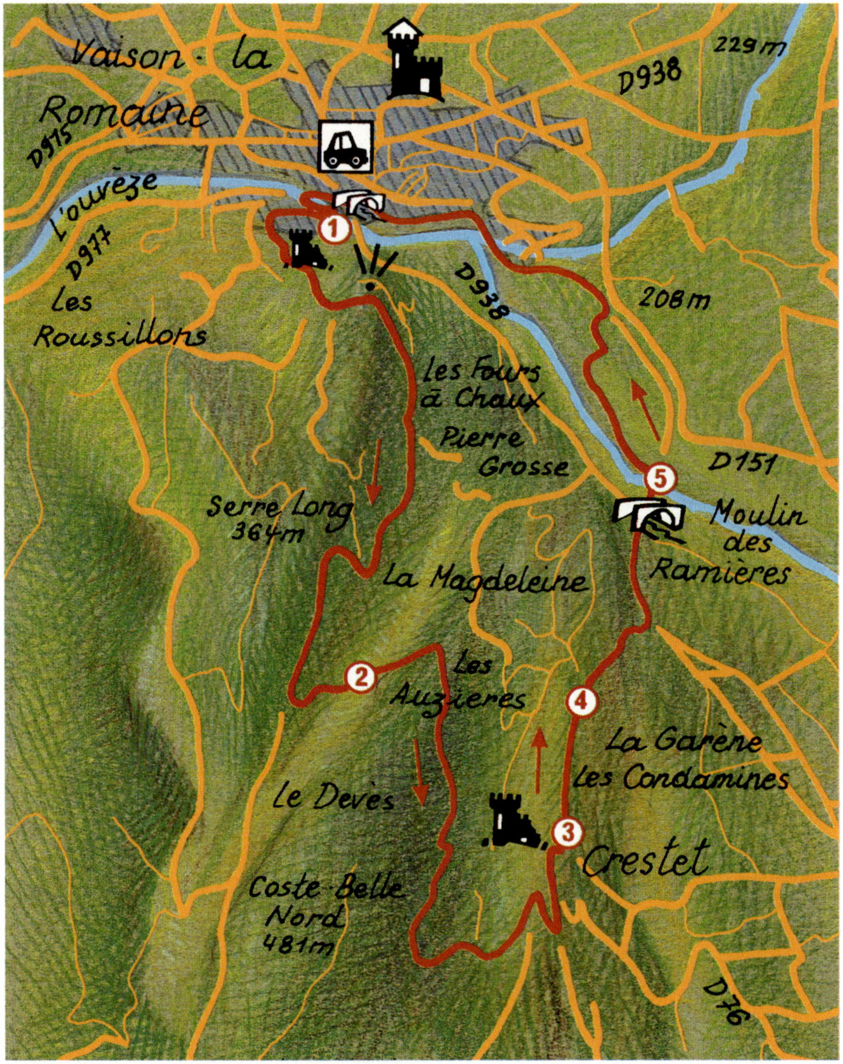

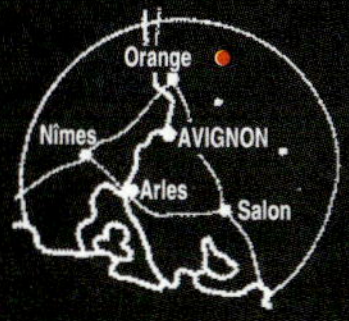

le rocher, vous longez l'ancien aqueduc et passez au pied de l'à-pic du Château. Remontez vers les carrières à droite et arrêtez-vous à la table d'orientation qui offre une vue panoramique sur le Château, la ville de Vaison et la vallée de l'Ouvèze. Avancez sur la petite route qui dessert un quartier de villas dans les chênes verts. Au loin surgissent les tours carrées du village de Crestet, tandis que le Ventoux apparaît derrière la végétation. La route se transforme en chemin empierré (2). Vous suivez la direction de Crestet et de là les traits rouges et jaunes. Après une bifurcation à gauche pour contourner la pointe de Coste Belle, la piste serpente au milieu des pins d'Alep. Crestet, le village de "crête" se rapproche. Après une dernière grand boucle, voici les premiers remparts, égayés, au printemps, des arbres mauves de Judée. Vous arrivez par le sommet du village pour découvrir les pans de mur du Château féodal. Construit en 850 et en partie restauré, il fut le refuge des Evêques de Vaison. Un souterrain, dit-on, le relierait à cette ville. Depuis l'esplanade, la vue est remarquable sur le Ventoux. En vous promenant dans les ruelles escarpées et fleuries, vous découvrez ici ou là des sculptures en pierre, statuettes, médaillons, corniches, des demeures restaurées, une fontaine et son lavoir, un vieux puits . Des treilles et des figuiers se cachent peut-être aussi dans des dédales d'escaliers. Vous trouverez facilement l'église Saint Sauveur et son porche du XIVème siècle. (Et si l'art moderne vous tente, le Centre International d'Art et de Sculpture vous offre à un bon kilomètre du centre, hors circuit, des sculptures originales en pleine nature).
Cherchez ensuite tout en bas du village à gauche, un large chemin balisé de points bleus qui s'oriente

Avant que les éléments et les médias s'emparent du pont.

ASB

ASB

La Fontaine de la Place du marché de Vaison, un bien maigre débit pourtant...

vers le Nord (3). Vous l'empruntez et descendez à flanc de coteau, avec le Ventoux en point de mire. Après une vigne et une allée de cyprès, soyez très attentifs à un raidillon à peine visible à droite (4) que vous devez emprunter (balisage bleu). Il dévale la pente et passe devant une ancienne briqueterie avant d'atteindre la route départementale que vous prenez à gauche sur 500 m. Vous traversez l'Ouvèze en restant toujours sur le pont aval à votre gauche. A son extrémité (5) vous prenez la direction de Vaison la Romaine, dont vous apercevez le château perché. En remontant l'avenue César Geoffrai, vous longez le centre "A Cœur Joie" et le camping de César, si touchés par les récentes inondations. Vous rejoignez le vieux Pont Romain, point de départ de la balade.

Vaison aux mille trésors

Au IVème siècle avant J.C. la ville devint la capitale d'une tribu celte, les Voconces. La rivière, l'Ouvèze, alors appelée l'Ouas lui ayant donné son nom, elle devint l'Ouas Jon, la ville de l'Ouas, Vaison. Les Celtes y bâtirent une cité florissante qui fut quelques siècles plus tard conquise par les Romains. Sous leur influence, Vaison s'enrichit et se développa au point d'être appelée "urbs opulentissima". Les constructions se multiplièrent, théâtre, thermes, aqueducs, portiques, ponts... L'opulence de Vaison fut alors convoitée par les Ostrogoths, Wisigoths et autres tribus barbares qui détruisirent la cité antique. Le renouveau de Vaison commença au Moyen Age où les comtes de Toulouse édifièrent sur l'éperon rocheux qui surplombe l'Ouvèze, toute la ville haute et le château.

Au XIXème siècle, à l'occasion de la construction d'une nouvelle ville basse, on découvrit quelques pièces romaines capitales. Ce n' est qu'en 1907 que des fouilles archéologiques systématiques furent entreprises. L'abbé Saustel, appelé depuis, le Père de Vaison, découvrit sur une colline deux arcs qui étaient des vestiges de l'ancien théatre. Celui-ci fut exhumé puis restauré et on dégagea autour, la ville romaine divisée en deux espaces, le quartier puymin avec le théatre, le portique de Pompée, la maison de Messii et le quartier Villasse avec la Basilique, la maison du buste en argent, la maison du dauphin. Des découvertes exceptionnelles ! les fouilles depuis n' ont cessé de se poursuivre. Le sous-sol de Vaison-la-Romaine n' a pas encore livré tous ses trésors...

Le Citron de Provence

Soucieux de plaire à l'astre céleste, le citron de Provence, telle Cléopâtre devant son miroir, s'enduit la face d'un fard tapageur. Tandis que son frère, volant au-dessus des autres provinces françaises, est d'un jaune uniforme ocellé d'un petit point orange *(le Gonepteryx rhamni)*, ce *cleopatra,* commun sur tout le pourtour méditerranéen, s'empourpre sur la quasi totalité de ses ailes supérieures. Si le papillon robuste est un des premiers à animer les prairies au printemps, c'est qu'il est un des rares à hiberner. Sa vie est en effet réputée la plus longue de tous les lépidoptères. **J.-M.R.**

l'arbre à tisane

(balade suivante)

Le tilleul est un arbre tout rond qui ombrage les routes et les champs des Baronnies. A l'époque de la floraison, fin juin, on dresse des échelles pour aller dénicher les fleurs odorantes avant qu' elles ne "boulent". La récolte se fait entièrement à la main. Le vallon de Buis embaume grâce à ces fleurs qui, une fois mises en sachet, constituent les fameuses tisanes calmantes. Les Baronnies sont le premier producteur français de tilleul avec 80 % de la production annuelle. Une grande foire au tilleul se tient chaque année le premier mercredi de juillet à Buis-les Baronnies.

Ombres et lumières dans les vieilles rues de Vaison-la-Romaine.
Une ouverture romane dans le village de Crestet.
Un splendide bouquet printanier survolé par un citron de Provence, l'un des premiers papillons de l'année.

5 LE TOUR DES ROCHERS DE SAINT JULIEN

Buis-les-Baronnies, la Nible, la chapelle Saint Trophime

A 60 km au Nord Est d'Avignon, un circuit de découverte des sommets qui dominent la commune de Buis-les Baronnies, les rochers de Saint Julien, petits frères des Dentelles de Montmirail, et la Nible qui nargue le Ventoux proche. Une promenade aux senteurs méditerranéennes

fiche technique

Longueur : 10 km (variante : 22)
Dénivelé : 475 m (variante : 700)
Durée : 4h (variante : 7h)

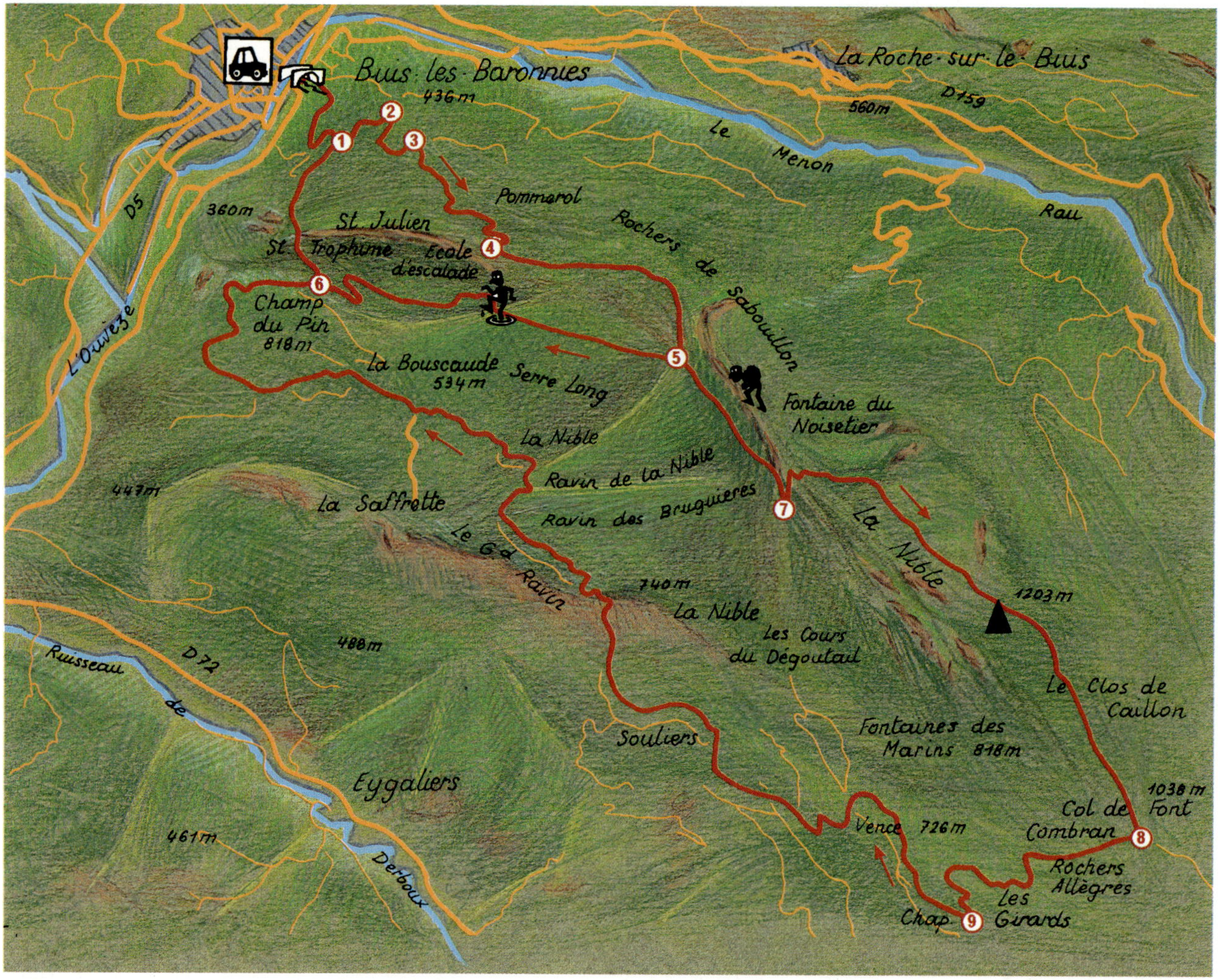

Baronnies

Difficulté : escarpement et longueur de la variante
Période : demi-saison, hiver
Equipement : randonnée légère
Point d'eau : gite d'étape
Balisage : rouge et blanc (GR9), triangle jaune n° 7, 5A, 8, traits bleus
Carte Michelin : n° 81 pli 3
Carte IGN : I/25000 n° 3140 Est Buis-les Baronnies, Mont Ventoux

itinéraire d'accès

D'Avignon, prenez la direction de Carpentras (D 225 et D 942) que vous traversez. A la sortie dirigez-vous vers Malaucène et Vaison par la D 938. 3 km après Malaucène vous trouvez sur la droite la D 5 qui se dirige vers Buis les Baronnies. Suivez-la jusqu' à Buis et allez au syndicat d'initiative. A sa droite, vous trouvez le pont sur l'Ouvèze. Traversez-le et garez-vous le long de la rivière à gauche.

description

Une petite route goudronnée monte le long des tennis et du camping à droite. Elle porte le balisage rouge et blanc du GR 9 que vous suivrez jusqu' en haut. Très vite elle ménage de belles échappées, à gauche sur le massif dressé des rochers de Saint Julien, à droite sur la petite ville de Buis dans son écrin montagneux. On progresse au milieu des oliviers et des genêts (tout dorés au printemps). Après un grand lacet, une bifurcation invite le randonneur à prendre à gauche (1) la petite route de l'Ubac de la Roche. Elle devient piste et traverse des vergers. Au petit bois du Pindais (2), il faut prendre le chemin de droite puis après un tournant, le quitter pour suivre le GR qui s'élève à droite (3) dans les oliviers

CB

CB

Le village de Buis-les-Baronnies. Les rochers de Saint-Julien.

La Nible.

Les rochers de Saint-Julien.

et les cerisiers. Il progresse dans des taillis de chênes blancs et verts où se cachent quelques noisetiers et des chèvrefeuilles qui parfument la voie devenue sentier. Vous arrivez au pied du massif rocheux (4). (Laissez à droite un sentier balisé rouge qui conduit, hors circuit, aux pieds des rochers de Saint Julien et à une cheminée facile à escalader 3/4 h AR). Suivez le chemin de gauche (GR 9 rouge et blanc) qui ouvre une belle perspective sur le Ventoux. Le sentier amorce une légère descente puis remonte dans les pins d'Alep, les chênes Kermès, le thym et les genévriers. Vous sortez de la zone boisée et amorcez un grand virage en crête. La vue se dégage : sur le versant en face, le village de La Roche sur les Buis, à droite, les rochers de Saint Julien qui surgissent de profil, taillés en lames de couteau. Vous vous élevez sur la colline au pied des rochers de Sabouillon. Les abords du sentier sont tapissés, au printemps, de fleurs des champs et d'aphyllantes bleues. Vous parvenez au replat 844 (5), halte conseillée devant un paysage magnifique. Deux possibilités ensuite s'offrent à vous :

Tour du rocher Saint Julien (circuit court).

Laissez le GR 9 monter à gauche vers la montagne de la Nible. Prenez sur la droite, à l'Ouest, le circuit 5A (également balisé d'un trait rouge) que vous suivrez pendant toute la descente. Il parcourt une lande puis, à partir d'un cairn, dévale en crête la pente de la colline. Le sentier se dirige dans les pins et les plantes aromatiques (thym) vers le massif des rochers de Saint Julien. Au fond du ravin vous trouvez le cours d'eau de Rieu Chaud que vous traversez à gué pour rejoindre la piste d'accès au rocher d'escalade. (Vous aurez peut-être la chance de voir des acrobates "fluo" accrochés aux parois). Prenez-la à gauche au milieu des vergers et des oliveraies. Vous passez devant une bergerie et longez les falaises jusqu' à la rencontre avec la petite route de Buis. Avant d'y redescendre, vous pouvez compléter le parcours en allant voir un peu plus haut la petite chapelle Saint Trophime (6).

Tour de la Nible (circuit long)

Gravissez avec le GR la montagne de la Nible qui culmine à 1203 m. La pente est forte. Après une épingle à cheveux (7) vous progressez dans la végétation plus humide du versant nord (hêtres, noisetiers). Le sentier chemine le long de la Nible dans les pins sylvestres et les genévriers ; il traverse les terrasses d'anciens champs de lavande cultivés, qui témoignent de l'opiniâtreté des anciens paysans. Quelques arbres calcinés dénaturent le paysage. Descendez vers le col sauvage de Font Combran indiqué par un rond orange (8). Là, vous quittez le GR pour suivre à droite les croix oranges d'un sentier caillouteux très raide. Il dévale la colline dans les genêts, face à la pyramide du Ventoux. En bas, vous pouvez aller vous rafraîchir au gîte équestre de l'"Erable" qui réserve un accueil sympathique au randonneur (9). Le retour se fait par l'itinéraire numéroté n°10. Descendez sur la ferme de Vence dans les cerisiers et les tilleuls. Prenez la petite route 100 m à gauche, et quittez-la à la pancarte "gîte de l'Erable", pour une piste empierrée à droite. A un carrefour, choisissez la bonne piste carrossable 6 et les points oranges. Puis à une fourche, retrouvez sur la droite la piste aux traits bleus que vous suivez jusqu'à Buis au milieu des pins d'Alep. Les rochers de Saint Julien apparaissent au détour du chemin. Au niveau de la ferme de la Nible et ses champs d'oliviers, vous retrouvez la voie goudronnée qui mène, après le passage de deux petits ponts, à la ferme de la Bouscaude, puis à la petite chapelle de l'ermitage Saint Trophime sur son monticule. Le rocher surmonté d'une croix, qui la domine, est facile à escalader et offre une vue intéressante sur le massif de Saint Julien et sur les Baronnies. Une statue se dresse sur un autre rocher à côté : Saint Trophime veille sur la ville de Buis et la vallée de l'Ouvèze. Redescendez à Buis-les-Baronnies par la petite route.

Les deux visages de Mont Ventoux. Isolé sur le chemin du Mistral, le "Géant de Provence" offre tous les attraits de la haute montagne. Ses vastes forêts sont le domaine des grands mamnifères européens : cerfs, chevreuils, mouflons, sangliers...

CB

Le "Géant de Provence"

Montagne Magique, Mont Chauve, Mont Pelé, Fuji Yama de Provence, Père du Mistral, tous ces noms de baptême prouvent l'importance du Ventoux dans le patrimoine local. Car le "Géant" s'impose en plein coeur de Provence, à 1910 m au-dessus de la plaine, visible à des kilomètres à la ronde : une énorme masse conique à laquelle la tradition confère un pouvoir protecteur.

Le vent qui souffle en son sommet avec une rare violence lui aurait donné son nom. Les nombreux fragments de trompettes d'argile découverts au moment de la construction de l'observatoire témoignent fort probablement d'un culte voué par les bergers au "dieu vent".

Par beau temps, il offre de sa cîme un panorama circulaire immense : la chaîne des Alpes, le Mont Blanc, la Barre-des-écrins, le Pelvoux au Nord, les Cévennes et les Monts du Vivarais à l'Est, les Pyrénées au Sud-Ouest, l'étang de Berre et la Méditerranée au Sud, se confondant à l'horizon avec le ciel.

Le mont Ventoux a plusieurs visages. L'hiver, son dôme de cailloux blancs se couvre de neige et en juillet de petites fleurs alpines. Mais le contraste existe aussi de haut en bas. Ses tempêtes de neige du sommet ont surpris plus d'un promeneur monté en tenue légère de la plaine encore tiède. L'été, on quitte la zone méditerranéenne des vignes et des champs de lavande des basses terres, et on découvre au sommet l'étage des fleurs rares polaires ou montagnardes : la saxifrage, la violette du Mont Cenis, le myosotis alpestre ou l'ibéris de Candolle. Dans les oliveraies en bas, on trouve des oiseaux comme la fauvette, en altitude, la chouette de Tengmalm d'origine boréale.

L'homme le reboise. Des excès de coupes, de défrichages et de pâturages l'avaient dénudé dans les siècles passés. Le versant sud en pente douce a été ensemencé et planté à partir de 1858 avec des essences méditerranéennes : chêne pubescent, pin maritime, pin d'Alep, pin noir, et surtout le cèdre de l'Atlas qui y prospéra au-delà de toute prévision. Le versant Nord abrupt a connu aussi des travaux de reboisement avec des espèces plus montagnardes : pin sylvestre, pin à crochets et mélèze. La forêt se reconstitue depuis et se régénère.

Les croyants y célèbrent. Le territoire du Ventoux devient "Terre Papale" en 1274 et au XVème siècle, l'Evêque de Carpentras fait bâtir, au sommet, la chapelle Sainte Croix, gardée par un ermite. Elle devient lieu de pélerinage et un "bâtiment", édifié un peu plus bas, sert d'abri aux marcheurs qui empruntent le "sentier des pélerins" pour gravir la montagne. La chapelle que l'on voit aujourd'hui un peu plus bas a été reconstruite au début du siècle.

Les poètes le chantent. En 1336, Pétrarque fut le premier à faire le récit de sa périlleuse ascension et de sa surprise au sommet... "tout d'abord, frappé du souffle inaccoutumé de l'air et de la vaste étendue du spectacle, je restais immobile de stupeur. Je regardais, les nuages étaient sous mes pieds". Plus tard les Félibres s'y intéressèrent. Mistral évoque le Mont dans le Chant VII de Calendal : "Entre tant de montagnes où bondit notre Provence, la plus haute, c'est le Ventour peut-être : de ce sommet on voit les collines du Dauphiné, du Comtat et du Gard, telles que des vagues pétrifiées, et le Rhône menu comme un filet d'argent. Du Nord le Ventoux fait peur : comme on dirait une muraille, il se dresse, taillé superbement de pied en cape ; noire couronne de verdure, un bois de mélèzes, arbres de fer, au rempart formidable servant de crénelure et d'imposants machicoulis".

Les scientifiques l'étudient. A partir du 18 ème siècle, des spécialistes de toutes disciplines, cartographes, géologues, forestiers, botanistes, entomologistes, météorologistes, s'intéressent au "géant" et découvrent les richesses naturelles de cette unité géographique. Au début du 20ème siècle, l'ouverture de deux routes vers le sommet, depuis Bédoin au sud et Malaucène au Nord, favorise l'accès à la montagne. Un observatoire météo, une tour hertzienne, un émetteur relais de Télévision et un radar de l'armée, sont installés à l'heure actuelle au point culminant.

Les promeneurs et les amateurs de sport le parcourent. Le Ventoux propose aux randonneurs ses nombreux sentiers, dont le GR 4 et le GR 9. L'hiver, il offre ses pentes neigeuses aux skieurs, à partir des deux stations du Mont Serein sur le versant Nord et de Châlet Reynard au Sud. Au printemps, il se couvre de fleurs et à l'automne se revêt de pourpre. L'été, la promenade traditionnelle se fait de nuit pour arriver au sommet au lever du soleil et voir les crêtes roses des Alpes. Spectacle unique, grandiose, inoubliable. Ventoux magique.

Le réveil de la nature s'effectue sur le Mont Ventoux en une explosion de couleurs et de formes. La célèbre calvitie du géant de Provence se couvre en effet au printemps d'une multitude de fleurs exceptionnelles, à la fois méditerranéennes et montagnardes. Certaines, fragilissimes, sont interdites à la cueillette comme l'orchidée pourpre (Orchis purpurea) Ⓐ, l'ingénieuse orchidée-abeille (Ophrys apifera) Ⓑ qui se déguise pour attirer Messieurs les insectes et leur inoculer à l'improviste du pollen, et la tulipe sauvage (Tulipa sylvestris) Ⓓ. Tout aussi rare, le lys martagon (Lilium martagon) Ⓖ, bien que non protégé, mérite que son élégance soit appréciée en photo plutôt qu'au centre d'un bouquet champêtre. La pierraille du massif se pare également des teintes vives des plantes "saxicoles", tels le saxifrage à feuilles opposées (Saxifraga oppositifolia) Ⓘ, la joubarbe prolifère (Jovibarbe sobolifera), La linaire des Alpes (Linaria alpina) Ⓗ, le Dianthus subacoulis Ⓔ, de la famille des œillets, etc. Au bord des chemins jaillissent en bouquets les coquelicots et autres pavots tel ce Papaver aurantiacum Ⓒ, le lin vivace (linum perenne) Ⓕ, etc...

A

B

C

D

E

F

G

H

I

6 ASCENSION DU VENTOUX
par le col du Comte

A 60 km au Nord Est d'Avignon, le plus bel itinéraire d'ascension de ce "Fuji-Yama" Provençal, depuis la vallée riante et cultivée des Alazards jusqu' au panorama sublime du belvédère. Etapes de cet itinéraire : Le Plan de Vau, le col du Comte, la combe de Pralong, le grand Valat, la cabane du Contrat, le sommet du Ventoux 1910 m.

fiche technique

Longueur : 25 km AR (variante 9km)
Dénivelé : 1340 m (variante 500 m)
Durée : 6h30 (variante 3h)
Difficulté : quelques passages pierreux délicats (éboulis)
Période : été, demi-saison sans vent et sans neige, belle journée ensoleillée.
Equipement : de montagne : bonnes chaussures, vêtements chauds
Point d'eau : sommet (si le refuge-hotel est ouvert)
Balisage : GR 4 : rouge et blanc
Carte Michelin : n° 81 pli 3
Carte IGN : 1/25000 n° 3140 Est Buis-les Baronnies-Mont Ventoux

itinéraire d'accès

D'Avignon, allez à Carpentras (D 225 et D 942). A la sortie de Carpentras prenez la direction de Malaucène (D 938) où vous entrez, pour prendre, sur la droite, la petite départementale 153 vers Beaumont du Ventoux. Après Beaumont, la route passe au hameau des Valettes, et suit la vallée entre des parois rocheuses. Elle laisse Sainte Marguerite à 200 mètres sur la droite et arrive au hameau des Alazards. Continuez en voiture jusqu' au Plan de Vau où vous pourrez stationner. Vous êtes sur le trajet du GR 4 que vous suivrez jusqu' au sommet.
(Pour la variante, prenez à Malaucène la route du

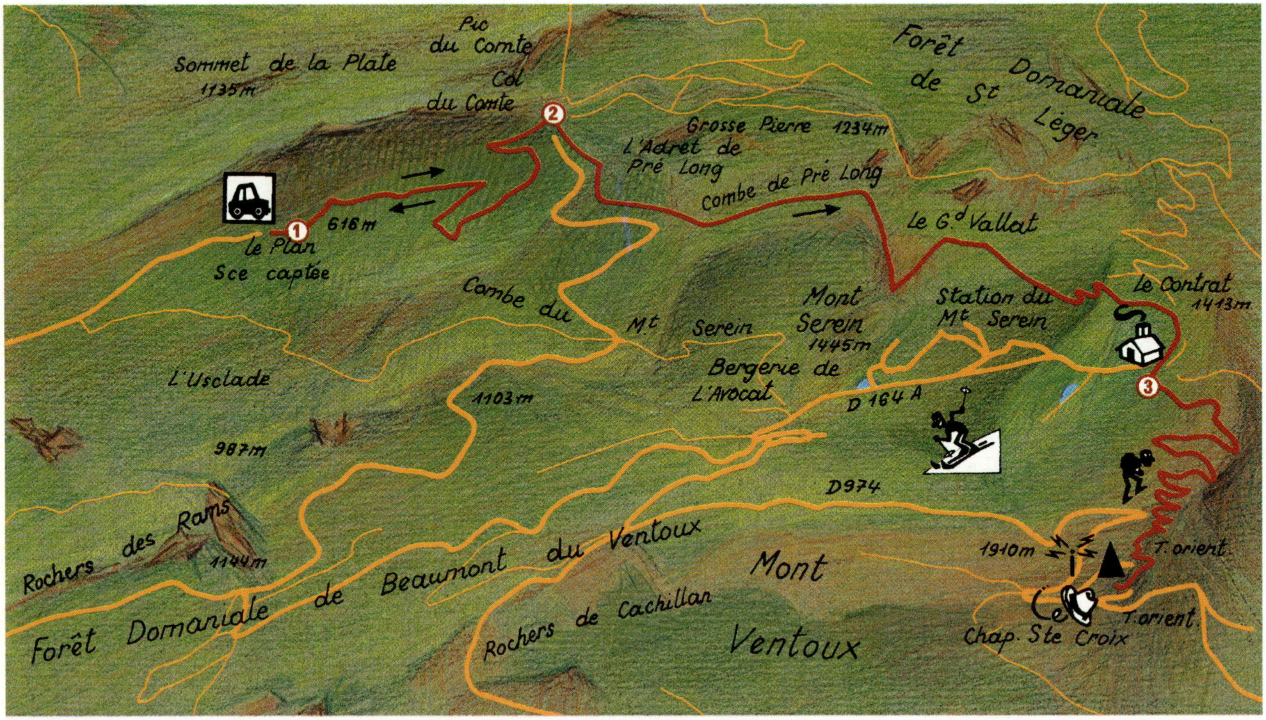

sommet du Ventoux et arrivé au niveau du mont Serein, allez à gauche vers la station de ski. Continuez jusqu' au caravaneige que vous contournez par la droite et garez-vous 300 m après, à droite, au départ d'une piste forestière balisée GR).

description

Ascension depuis le Plan de Vau :

Prenez la piste qui s'engage vers l'est. Très vite, au niveau d'un champ de lavande et avant le dernier verger de cerisiers, vous trouvez sur votre gauche le sentier du GR (1) qui s'élève sur le flanc de la montagne de la Plate. Vous progressez sous un couvert de chênes verts, d'érables, et buis. Vous ne tardez pas à apercevoir le château du Vieux Beaumont et le massif des Dentelles de Montmirail. Après un parcours assez accidenté pour aller franchir l'Adret dans le fond d'une combe, le sentier décrit un grand lacet sur les pentes du Ventoux, puis revient sur le versant de la Plate, avant de gagner le col du Comte au niveau d'une citerne. (2). Halte agréable sur cette ancienne voie de communication reliée maintenant par une petite route. Au col, il faut laisser sur la gauche le sentier qui descend à Saint Léger et poursuivre vers l'Est sur celui du GR. Il remonte deux éperons boisés puis la combe de Pralong dans un sous-bois de hêtres et de pins sylvestre. Au bout du ravin, la forêt cesse. On peut suivre un balisage local vert et blanc, hors sentier, pour aller admirer les éboulis du Grand Vallat dégringolant en à-pic vers la vallée du Toulourenc et le village de Saint Léger, avec au loin les monts de la Drôme et les massifs des Alpes. Le GR contourne cet impressionnant ravin d'éboulis et remonte en lacets sous un couvert forestier (hêtres), jusqu' au plateau du Contrat. Poursuivez

Les Eboulis du Grand Valat depuis lesquels s'étend déjà un panorama somptueux. CB

avec le GR jusqu' à la cabane du Contrat, un abri des Eaux et Forêts, à côté de laquelle coule une source. Le parcours rejoint celui du GR 9. Vous le suivez sur 150 m jusqu' à une piste forestière.

Rencontre avec le circuit court : du mont Serein au sommet.

Vous parcourez la piste forestière de la Font du Contrat, balisée GR, sur 500 m environ. Dans un tournant bien signalé (3), laissez le GR 9 partir à gauche en balcon au-dessus du versant Nord et gravissez à main droite avec le GR 4 le dernier sommet du "géant". Le sentier zigzague agréablement dans les reboisements de mélèzes et de pins. Puis, en raison de l'altitude et de la pente, la végétation s'appauvrit. La montagne se dénude. Elle est recouverte d'un énorme amas de cailloux blancs, débris des calcaires éclatés par suite du gel et du dégel. Vous progressez en lacets serrés dans les éboulis très pentus de cet énorme pierrier. Le paysage est lunaire. Heureusement le sommet vous offre, à l'arrivée, un panorama immense qui porte, par beau temps, à des distances très lointaines, des Alpes aux Pyrénées, de la Méditerranée au Mont Blanc. Essayez de reconnaître le Pelvoux, le Viso, les Baronnies d'un côté, les Alpilles ou la Sainte Victoire de l'autre. Si vous avez eu la chance de faire l'ascension de nuit, vous arrivez au sommet pour voir un soleil rouge se lever sur les cîmes, moment d'intense jubilation. Une halte bien méritée permet la découverte de la zone sommitale et de ses nouveaux aménagements : la plate-forme qui servait d'obser-

ASB

J.-Ch. Gaudin

L'apollon, le "globe-trotteur"

(Parnassius apollo)

Ce joyau de nos hautes montagnes, aux larges ailes blanches flanquées d'yeux rouges d'albinos, nous est arrivé de l'Himalaya à l'occasion des glaciations de l'ère quaternaire. Le réchauffement de la terre a isolé depuis en altitude ce joli papillon nordique qui s'est ainsi développé en sous-espèces distinctes d'un massif à l'autre jusque sur les sommets de la Sierra Nevada espagnole. Recherché pour son malheur par les collectionneurs, l'apollon devient, comme ses cousins du Massif central et des Pyrénées, de plus en plus rare. Il est vrai que son vol léger et son apathie notoire par temps de brouillard en font une prise très facile. Vous pouvez donc l'observer aisément, sur les sentiers du Ventoux, et même le prendre dans la main, mais, s'il vous plaît, respectez-le comme un des derniers dinosaures de la planète, et reposez-le ensuite délicatement sur sa fleur. Certes les gardes-champêtres ne vous inquièteront guère à ce sujet, mais sachez que l'apollon est aujourd'hui protégé par la loi.

J.-M.R.

De grands mammifères sauvages.

Des empreintes sur le sol, des traces sur le tronc des arbres, des pierres qui roulent dans les rochers, attestent de leur présence. Parfois même on arrive à les apercevoir. Des centaines de grands animaux vivent dans les forêts ou les falaises du Ventoux : Une soixantaine de mouflons ont été dénombrés ; introduits en 1960, ces mammifères aux fortes cornes recourbées, originaires de Corse sont devenus rares en Europe. Des chamois passent de temps en temps, venant de la Drôme, mais sans se fixer. Le chamois a probablement toujours été présent dans le Ventoux. Une centaine de chevreuils colonisent naturellement le département depuis 1980 et s'y développent bien ; plusieurs dizaines d'autres ont été lâchés en 1987 dans les Monts de Vaucluse et la région de Sault. Enfin les cerfs seraient les plus nombreux, entre 290 et 460, selon les estimations ; après leur disparition, les grands cerfs élaphes ont été réintroduits en 1954 et se sont très bien adaptés. Avec les sangliers relativement nombreux, le massif abrite aussi des lièvres, des lapins, des bécasses, des écureuils.

vatoire aux météorologues vient en particulier d'être restaurée et rendue accessible aux promeneurs, un belvédère unique !

La descente reprend le même chemin : cette fois-ci vous faites face à la vallée et le panorama vous accompagne tout au long du parcours.

CB

Les chalets de la station du Mont Serein. 1960 : le premier laché de mouflons sur le Ventoux. Une soixantaine de ce bel animal aux cornes caractéristiques "en guidon de vélo" ("en guidon de VTT", devrait-on dire, tant l'animal est agile en tout terrain) est dénombré aujourd'hui dans le massif. Mais le grand maître des bois demeure le cerf.

Office de la chasse

J.-Ch. Gaudin

Le mouflon de Corse

C' est l'ancêtre du mouton domestique. Son allure est élégante, malgré un corps assez trapu. Les mâles portent de longues cornes spiralées. Chez les femelles, cela dépend des populations. Les mouflons portent un masque facial blanc. Leur pelage est court et dense, de couleur brun-chocolat en hiver, plus clair en été. Une selle blanche apparaît en général chez les mâles en hiver. Le rut a lieu entre octobre et décembre. La femelle met au monde un agneau, exceptionnellement deux, au printemps, entre mars et mai. Selon les saisons, les mâles vivent souvent en groupes, séparés des femelles et des jeunes. Le mouflon adapte facilement son régime alimentaire, ce qui a facilité son introduction en Europe. Il affectionne les moyennes montagnes méridionales, recherchant les grands espaces ouverts, les sols rocailleux et bien drainés couverts d'une végétation basse. Il utilise les zones boisées pour se protéger de la chaleur et des intempéries. Il commet peu de dégats sur les cultures et ne pose pas de problème aux sylviculteurs. Dans le Ventoux où le mouflon a été introduit en 1960, il développe quelques noyaux de population.

7 LE BALCON NORD DU VENTOUX
la grotte du Vent, le sommet (1910 m), la source de Fontfiole

A 60 km au Nord Est d'Avignon, une promenade horizontale en corniche et une montée au sommet par la crête orientale, un parcours offrant des vues vertigineuses sur la vallée du Toulourenc

CB

fiche technique

Longueur : 14 km
Dénivelé : 500 m
Durée : 4 h
Difficulté : passage de pierriers un peu à pic : risques de glissades par temps humide.
Période : belle journée d'été (de printemps ou d'automne sans neige)
Equipement : montagne : bonnes chaussures (marches dans les éboulis), vêtements chauds, jumelles
Point d'eau : sommet
Balisage : rouge et blanc (GR 9, GR4), points jaunes
Carte Michelin : n° 81 pli 3
Carte IGN : 1/25000 3140 Est Buis-les-Baronnies Mont Ventoux

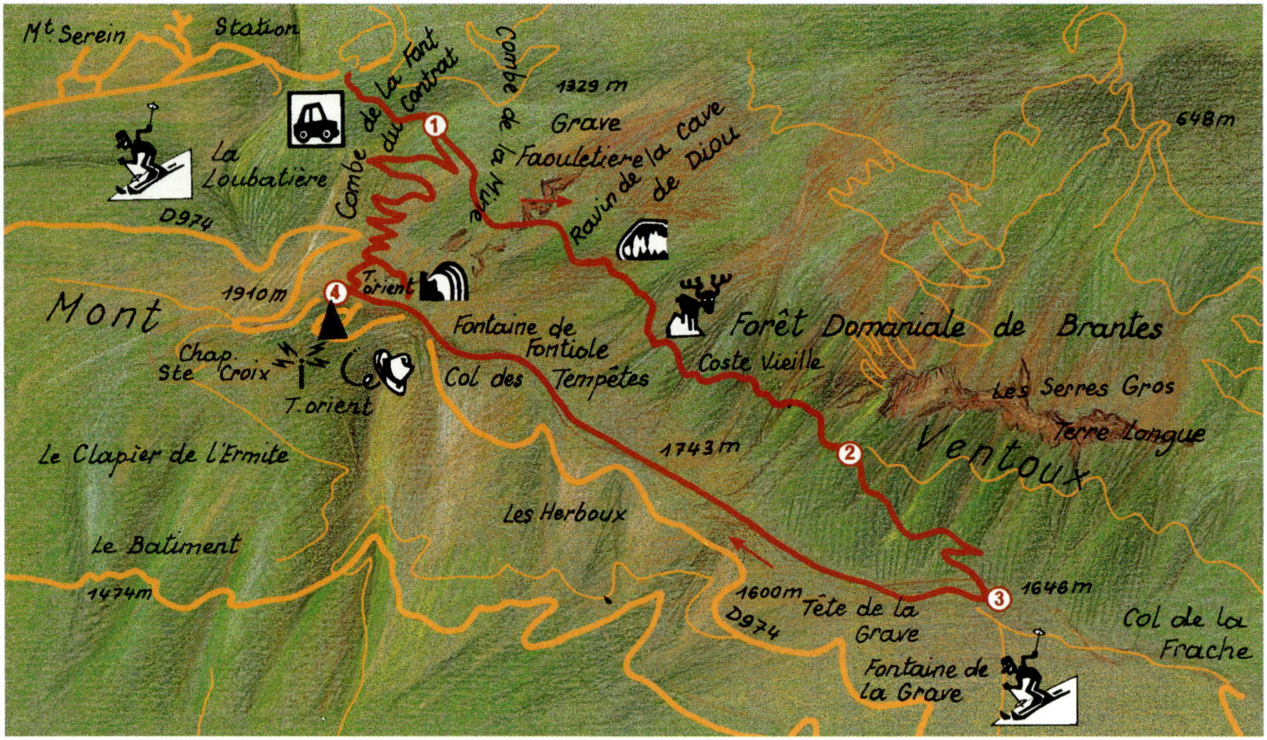

CB

itinéraire d'accès

D'Avignon prenez la D 225 et la D 942 vers Carpentras que vous traversez pour prendre la D 938 jusqu' à Malaucène. Dans Malaucène vous trouvez à droite la D 974 qui monte au Ventoux. Vous la prenez jusqu' au mont Serein où vous vous dirigez à gauche vers la station de ski. Allez jusqu' au caravaneige que vous contournez pour vous garer 300 m plus loin à droite au départ d'une piste forestière. (Balisage rouge et blanc du GR sur un arbre).

description

Vous empruntez la piste forestière suivie par le GR et fermée par une barrière. Elle descend dans la combe de la Font du Contrat où débouche sur la gauche le sentier des GR 4 et 9. En continuant la piste sur 500 m, vous arrivez à un carrefour de sentiers où vous laissez le GR 4 s'élever à droite directement vers le sommet (1). Vous poursuivez tout droit votre balade sur le GR 9 qui emprunte un chemin ombragé en corniche sur le versant Nord. Il débouche très vite sur le ravin d'éboulis de la Grave Faouletière, véritable torrent de cailloux que le sentier traverse : le passage est plus impressionnant que dangereux, à condition d'avancer prudemment. (Il est à éviter les jours humides où les pierres sont glissantes). Sur ce versant abrupt et minéral, vous contournez d'autres ravins surmontés de rochers déchiquetés qui dominent de plus de 1000 m les villages de Brantes, de Saint Léger et la vallée du Toulourenc : un paysage superbe ! Le sentier passe ensuite devant la falaise blanche de la grotte du

CB

Mérinos en alpage au pied du relais des Télécom.
Eboulis et encombrements rocheux érodés par le gel et le mistral, au dessus de la vallée du Toulourenc.

CB

L'Eboulis de la Grave Faouletière.

Vent ou Trou Souffleur : l'entrée de la galerie, située à une trentaine de mètres au-dessus, est signalée par une flèche rouge sur la droite du chemin ; la plus grande prudence est conseillée aux curieux qui voudraient s'y aventurer. Un peu plus loin, dans un taillis, vous aurez peut-être la chance d'apercevoir des mouflons dévaler la pente : ces mammifères sont familiers de ce versant rocheux boisé. Après 6 km de corniche, une pancarte (2) invite à remonter à droite vers la tête de la Grave un sentier balisé de points jaunes . Vous quittez le GR pour le suivre : il s'élève en sous-bois vers la ligne de crête en décrivant des lacets réguliers. Quand il atteint le pierrier, zone caractéristique du sommet du Ventoux, vous choisissez plutôt le raidillon de droite (3) qui conduit à la Tête de la Grave à 1646 mètres. (Le sentier de gauche monte au Signal Est en haut des pistes de ski). En-haut, votre regard embrasse les formes douces du versant sud qui contrastent avec les pentes abruptes du versant nord. Vous apercevez la station de ski de Châlet Reynard et ses remonte-pente qui atteignent les crêtes. Le sommet du Ventoux apparaît à droite dans son désert de pierres où seuls quelques rares pins à crochet résistent, rabougris, à la rigueur du froid et du vent. Si vous montez à la belle saison, vous aurez la chance de voir la calotte sommitale se couvrir d'un tapis de fleurs souvent rares, la gentiane jaune, le pavot des Alpes, le lis martagon, la violette du mont Cenis... Vous gravissez le sommet, soit en suivant la ligne de crête, pour jouir d'un coup d'oeil exceptionnel, soit en empruntant le GR 4 qui court légèrement plus bas, pour être plus abrité les jours de vent. Vous contournez un silo par la droite et progressez vers le col des Tempêtes d'où la vue est vertigineuse sur les à-pics de la face nord. Après être passé entre des poteaux de couleur, vous arrivez à la table d'orientation : par temps clair, le panorama est exceptionnel ! Découvrez le sommet. Visitez. Savourez.

Le retour se fait par le versant Nord. Vous empruntez le GR 4 à quelques dizaines de mètres en dessous de la table d'orientation sur la route de Malaucène (4). Le sentier dégringole dans le pierrier, préservant le panorama. Après deux boucles, une sente bien tracée mais hors-circuit, permet de découvrir sous le col des Tempêtes la source de Font Fiole, la plus élevée du massif (1788 m) et la plus étonnante car le débit de l'eau et sa température y sont constants. Après ce détour facultatif, vous revenez au tracé du GR et continuez votre descente en lacets dans les éboulis pentus. Vous retrouvez une zone de végétation avec des pins clairsemés, puis des reboisements de mélèzes. Bientôt la jonction se fait avec le GR 9. Vous reprenez à gauche la large piste forestière qui vous ramène au Mont Serein, votre point de départ.

La grotte du Vent

On l'appelle aussi Trou Souffleur parce qu' il y souffle un courant d'air assez fort. De l'orifice qui débouche au milieu de la falaise, à 1500 mètres d'altitude, part une galerie de 170 mètres de long. Cette grotte a toujours suscité les questions des populations environnantes qui, suivant les époques, y auraient situé la résidence du dieu Eole, l'origine du mistral ou le cratère d'un volcan. Elle est, pour les spéléologues, un lieu d'exploration tout à fait intéressant. (Ne pas s'y aventurer seul, se munir de lampes). Une autre grotte un peu analogue s'ouvre un peu plus bas, au-dessus de Brantes. Accessible par le GR 9, la grotte de la Mine est aussi une réalité mystérieuse.

S.M.

L'écureuil *(Scurius vulgaris)*

Qui ne le connaît pas ? Ce petit rouquin devenu pour certains symbole de l'épargne. C'est vrai qu'il aime se constituer des réserves pour l'hiver. Comme ce n'est pas le seul à procéder ainsi parmi les animaux et surtout les mammifères, oublions un peu les poncifs. Outre les pommes de pin et les noisettes, l'écureuil apprécie aussi les champignons même ceux non comestibles par l'homme. A l'automne, ne vous fiez donc pas à ses cueillettes pour faire la vôtre, sous peine de douleurs gastriques. Il lui arrive aussi de faire son repas avec des oisillons ou des œufs, s'il met la dent dessus. C'est aussi un petit costaud qui est suffisamment musclé pour se tenir sur une seule patte, suspendu dans le vide.

Alors, pour se remettre de ses émotions, digérer et abriter sa progéniture, il construit des nids arrondis à l'aide de branchages. Il y pratique une ou deux entrées. En hiver, il peut vous sembler que les oreilles des adultes ont grandi ; en fait ce sont les poils au-dessus des oreilles qui s'allongent leur donnent une allure de lutin. Aujourd'hui protégé, ses effectifs ont donc pu évoluer. Enfin, si on vous parle un jour de l'écureuil blanc, ce n'est pas un mythe ; il existe ; c'est sans doute un albinos, et ses yeux sont... roses. **S.M.**

L'écureuil n'a rien à craindre du percnoptère (Neophron percnopterus) qui tourne au dessus du massif car celui-ci ne s'attaque jamais aux animaux vivants si ce n'est à l'occasion, à quelques lézards. Le Percnoptère, ou vautour d'Egypte, est uniquement charognard.

8 SOMMET DU VENTOUX PAR LE VERSANT SUD
Ste Colombe, le massif des cèdres, la combe de Fiole

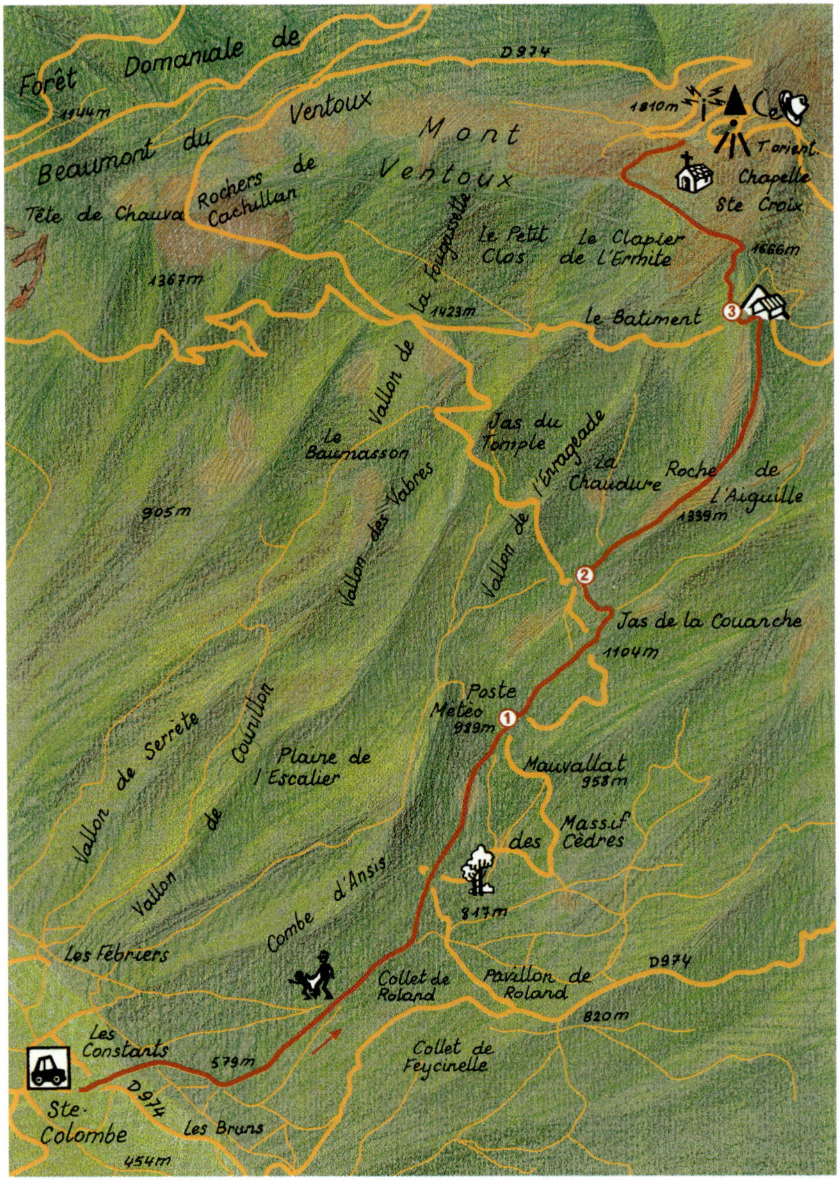

A 45 km au Nord-Est d'Avignon, l'ascension du Ventoux par la forêt de cèdres et la combe de Fiole, un des plus beaux itinéraires du versant sud.

fiche technique

Longueur : 22 km
Dénivelé : 1450 m
Durée : 7 h (montée 4 h 30, descente 2 h 30)
Difficulté : marche facile mais longue
Période : été, demi-saison (sans neige)
Equipement : haute montagne : bonnes chaussures, vêtements chauds
Point d'eau : Ventoux
Balisage : pancartes du SI de Bédoin : SC= Sainte Croix

itinéraire d'accès

D'Avignon prenez la D 225 puis la D 942 vers Carpentras. A Carpentras suivez la D 974 en direction de Bédoin et poursuivez cette route vers le Châlet Reynard et le sommet. Traversez le village de Sainte-Colombe et arrêtez-vous 400 mètres environ après à droite sur aire de stationnement.

description

"Cette ascension vous fera passer en 5 km planimétriques, de l'afrique du Nord au Groenland...", indique le dépliant de l'office du tourisme de Bédoin qui a balisé cet itinéraire avec des pancartes en bois marquées SC (Sainte Croix), du nom de la chapelle édifiée au sommet.

La balade débute de l'autre côté de la route : une

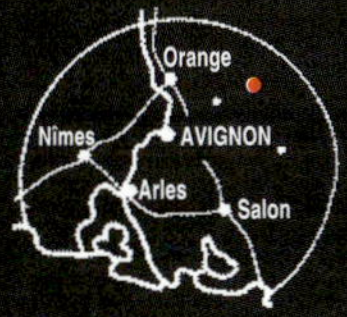

première pancarte SC indique le départ de la piste. Le chemin paisible longe des vignes, traverse le GR 91, et progresse dans des pinèdes. L'ascension régulière se poursuit en direction de la forêt de cèdres. Les premiers beaux arbres apparaissent, puis vous vous trouvez en plein coeur du massif. Les cèdres du Ventoux proviennent de l'Atlas algérien. Ils ont été plantés sur le versant sud à partir de 1861 et ont petit à petit colonisé l'espace, au point de s' étendre sur une surface de 350 hectares. Le mistral joue un rôle important dans la propagation des graines. Le sentier traverse la forêt en coupant plusieurs lacets de la route. Dans l'un d'eux vous remarquez le poste météo (1). Après avoir contourné la jas de la Couanche, vous pénétrez par un raidillon dans la combe sauvage de Fiole (2). Là, une large piste s' élève vers le sommet, longeant sur la droite un massif rocheux multiforme. Un des rochers, taillé en pointe et baptisé le rocher de l'Aiguille, a donné son nom au massif. La belle piste monte dans le sous-bois, (pins sylvestre, pins noirs d'Autriche, mélèzes), et traverse une zone de ruines qui témoigne d'un habitat ancien. Les premiers hêtres commencent à occuper l'espace. Après une dernière grimpette à gauche, vous traversez la route pour rejoindre en face l'abri du Jas dit "Jas des pélerins" (3) ou "bâtiment" (carte IGN). Comme son nom l'indique, il servait de refuge aux pélerins de la chapelle Sainte-Croix. l'APARE, dans le cadre d'un campus européen du patrimoine, participe l'été à la restauration de cet abri, harmonieusement vouté, qui pourrait servir de gite d'étape. Vous dépassez l'édifice et traversez la forêt de hêtres jonchée de feuilles mortes. Elle débouche sur un pierrier aux larges pierres plates : le sommet apparaît, tout proche. Encore quelques lacets rocailleux parsemés de genévriers rampants, puis une progression dans

CB

CB

La Chapelle Sainte Croix au sommet du Mont Ventoux à 1910 m d'altitude. La forêt de cèdres.

un désert de cailloux qui se colore de mille fleurs d'altitude au début de l'été. Vous voilà arrivé à la chapelle Sainte Croix. Le sommet est juste au-dessus avec ses tours modernes. La vue panoramique est immense ! Un balcon d'orientation sud offre des horizons très étendus sur les Alpes maritimes, les monts de Vaucluse, les Alpilles, la plaine d'Arles et jusqu' à la mer à l'horizon.

La tradition veut que la nuit de la Saint Jean un immense feu de joie soit allumé au sommet, répondant aux feux de la Saint Jean des sommets environnants, comme celui de la Sainte Victoire, visible par temps très clair.

La descente se fait par le même chemin en pente douce. Tournant le dos cette fois à la montagne, vous retraversez les différents étages de végétation aux mille plantes sauvages, qui vous offrent des paysages toujours renouvelés.

9 LE CANYON DU TOULOURENC
Remontée des gorges par la rivière

A 65 km au Nord Est d'Avignon, un parcours mouvementé dans le lit de la rivière à l'endroit où le Toulourenc traverse un défilé pittoresque. Une fête aquatique inoubliable pour tous.

fiche technique

Longueur : 10 km
Dénivelé : 240 m
Durée : 4 h
Difficulté : savoir nager est indispensable. On peut perdre pied quelques mètres
Période : l'été par forte chaleur. Eviter les périodes de crue
Equipement : tennis et chaussettes, short ou maillot de bain, petit pneumatique ou bouée (pour personne craintive, enfants ou sac), corde, lampe de poche
Balisage : rouge et blanc (GR 91)

Carte Michelin n° 81 pli 3
Carte IGN 1/25000 n°3140 Est Buis-les- Baronnies, Mont Ventoux et 3140 Ouest Vaison

itinéraire d'accès

D'Avignon, allez à Carpentras (D 225 et D 942) . A la sortie prenez la D 938 vers Malaucène et Vaison. 3 km après Malaucène prenez à droite la direction de Buis (D 13). Après 8 km empruntez à droite la D 40 vers Brantes, puis tout de suite à droite la piste goudronnée D 40 A qui descend vers le hameau de Veaux. Stationnez aux emplacements prévus aux alentours du pont.

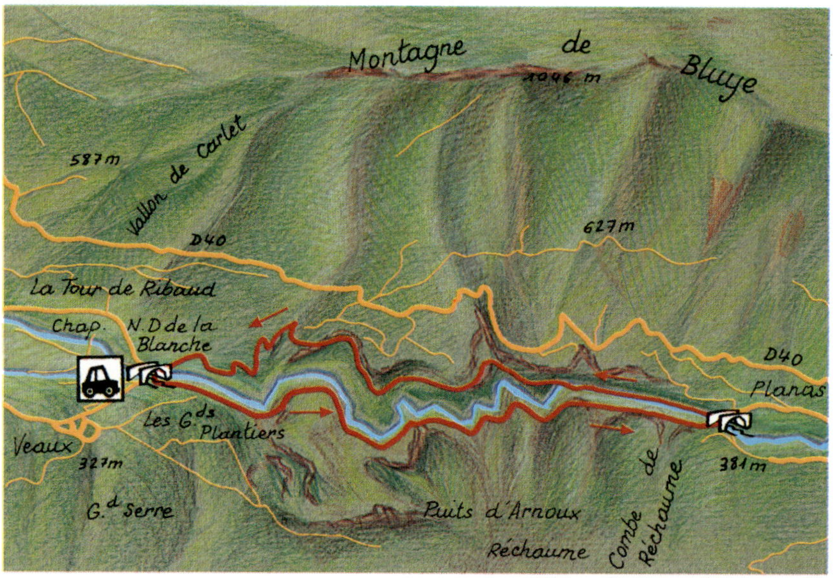

J-M.R

L'oxycèdre ou cade (Juniperus oxycedrus) est présent dans tous les secteurs de garrigue méditerranéenne.

description

La balade commence à l'endroit où le pont de Veaux franchit le Toulourenc. Sur la gauche du pont, vous descendez par un court escalier rocheux jusqu' au lit de la rivière et avancez dans l'eau en remontant le courant vers Saint Léger. Vous marchez sur des cailloux ronds avec de l'eau aux chevilles ou aux genoux : fraîcheur bienvenue les jours de canicule ! Jeux d'eau, escalades, glissades, éclaboussures pimentent le parcours entre les rochers et les cascades, occasions de gros rires et de bains forcés. Le passage est un peu plus sportif quand les parois du canyon se ressèrrent : il arrive que l'on perde pied et que l'on soit obligé de nager quelques mètres pour passer un défilé. Les bouées ou petits bateaux gonflables sont alors d'un grand secours pour transporter enfants, pique-nique, appareils de photo ou votre guide Pélican... Sous le Pas du Loup vous parvenez à une source avant de sortir des gorges. le silence vous gagne et le paysage devient plus verdoyant. Le joli pont en pierre de Saint Léger est proche.
Pour le retour, il est évidemment possible de redescendre par la rivière en suivant le courant. Le parcours est plus rapide. Nous avons choisi un iti-

néraire par la montagne qui surplombe les gorges. En vous dirigeant vers le pont de Saint Léger, vous rencontrez juste avant une ferme à main gauche, le GR 91, un bon sentier qui longe la rivière en rive droite. Il s'éloigne ensuite du Toulourenc, passe sous une petite falaise, puis à travers prairies et arbres fruitiers grimpe vers le Pas du Loup. Après un ravin, il se promène en corniche au-dessus des gorges, dans un décor de massifs rocheux, égayés l'été par les grappes rouges des pistachiers térébinthes. Le Toulourenc s'étire tout en bas, comme un fil d'argent. Après quelques boucles, le GR descend vers le hameau de Veaux. Aux abords du pont, règne une étonnante animation dans les cascades les jours de canicule.

Une rivière capricieuse

Le Toulourenc naît dans la Drôme, au pied de la montagne de Buc. Avec ses 45 kilomètres de long, c' est la seule vraie rivière du Ventoux. Il arrose Aulan et Montbrun-les Bains puis après une bifurcation, passe à Savoillan, Brantes, Saint Léger, Veaux, les villages et hameaux du versant Nord du Ventoux. Il file ensuite vers l'Ouvèze où il se jette en amont de Vaison-la Romaine. Au printemps il reçoit l'eau de la fonte des neiges. En été la source principale ne suffit pas à alimenter le cours d'eau. D'autres sources issues du Ventoux viennent grossir la rivière après avoir alimenté les villages. En fonction de leur débit et des infiltrations dans le sol, le Toulourenc peut être torrentiel ou se réduire en certains endroits à un filet d'eau. Il a donné son nom à la vallée sauvage et au défilé pittoresque qu' il traverse.

CB

S.M.

Balade les "pieds dans l'eau" dans le cours du Toulourenc.
La libellule à 4 points (Libellula quadrimacula).

Les monts de Vaucluse, des pierres pour les bâtisseurs

Au hasard de vos promenades sur les plateaux, vous rencontrez des ouvrages édifiés par l'homme au cours des siècles : solides cabanes en pierre sèche aux toits coniques, étranges citernes creusées dans les dalles de pierre, longue muraille sinueuse qui s'étire à l'infini.

Les bories

Ces drôles de constructions rustiques édifiées en pierre sèche se trouvent partout dans la région, notamment dans le Lubéron et les Monts de Vaucluse. Rondes ou carrées le plus souvent, parfois ovales et rectangulaires, elles font partie du paysage. Si certaines sont regroupées en hameau, d'autres surgissent en pleine nature à côté d'un champ de lavande, ou se cachent dans un bois de chêne. Plusieurs milliers de bories ont été recensées dans la région : 1500 autour de Viens et Forcalquier, 600 dans la région des Claparède, 300 près de Gordes.
Leur usage était lié à la vie pastorale. Le mot "bouria" signifie étable à boeuf. Les bories étaient de véritables fermes, les plus grandes servant d'habitations, les autres d'étable, de bergerie, de pressoir, de grange. Le "Village des Bories "de Gordes où ont été reconstituées une vingtaine de ces cabanes, permet d'imaginer l'habitat et les traditions rurales de l'époque. Leur originalité réside dans leur couverture sans mortier ni charpente édifiée selon la technique de la voûte à encorbellement : chaque pierre est disposée en léger surplomb par rapport à la précédente. les murs se rapprochent ainsi peu à peu l'un de l'autre, jusqu' à ce qu' une dalle plus large, au sommet, couvre l'ensemble : une technique qui cache sous des apparences archaïques une élaboration savante. On s'interroge encore sur leur date de construction, car cette méthode était connue dès le Néolithique. Les recherches archéologiques et les documents d'archives situent plutôt l'édification des bories de Provence à une époque récente, à partir du XVIIème siècle. Mais qui furent réellement les architectes et bâtisseurs de ces cabanes de pierres ? Pourquoi et comment avoir déployé tant d'ingéniosité à la réalisation d'un type d'habitat si dénué d'espace et de confort ? La question reste ouverte. Les bories gardent encore une partie de leur mystère.

Les aiguiers

D'étonnants réservoirs d'eau occupent les plateaux calcaires arides des Monts de Vaucluse. On les rencontre à côté d'une ferme, près d'un hameau abandonné ou à la lisière d'un bois. Ce sont de larges dalles creusées qui recueillent l'eau de pluie et de ruissellement et l'envoient par des rigoles de captage à une citerne taillée aussi dans le rocher compact. A ciel ouvert, ils permettent aux animaux de venir s'abreuver. Couverts, ils protègent l'eau de l'évaporation, lui conservant sa fraîcheur et sa propreté. On trouve plusieurs types de couvercle : la borie dont les pierres sont inclinées vers l'intérieur pour capter l'eau de pluie, la vôute en berceau, ou, plus simple, une large dalle.
Aiguier vient du mot provençal "aïgo" qui signifie l'eau. C'était le problème majeur des paysans qui devaient survivre sur ces plateaux arides avec leurs troupeaux. Sa rareté et sa méchante tendance à s'infiltrer dans le sol pour resortir plus loin, comme à Fontaine de Vaucluse, les ont amenés à construire, de leur main, ces ouvrages remarquables.
La commune de Saint Saturnin les Apt, sur le plateau situé entre Sarraud, Saint Jean de Sault, Lagarde et Villars, compte le plus grand nombre d'aiguiers. Des circuits pédestres, en partie balisés par François Morénas, permettent de découvrir en pleine nature, l'aiguier neuf, l'aiguier de Travignon, l'aiguier de Gréoux, l'aiguier Bessons, l'aiguier de Caulet et bien d'autres. De bien passionnantes promenades.

Le mur de la Peste

Au-dessus de Fontaine de Vaucluse, au sud de Méthamis, au col de Murs ou à côté du gîte de Saint Hubert dans les Gorges de la Nesque, court un même grand serpent de pierre sèche mangé par la végétation. Ce mur fut édifié en 1720, lors de la grande peste, la plus grande épidémie de l'histoire de la région, pour préserver le Dauphiné et le Comtat , dont il suit à peu près les limites. Arrivée à Marseille par un vaisseau en provenance de Syrie, le Grand-Saint-Antoine, la maladie se répandit et fit 100 000 victimes en deux ans. En 1721, le parlement d'Aix eut l'idée, pour la stopper, de couper toute communication entre les Marseillais et le reste des Provençaux. Un véritable "cordon sanitaire" fut édifié entre Monieux et Cabrières d'Avignon, comportant des tours de guet, des postes de garde, et des magasins pour les vivres et le fourrage. Des soldats montaient la garde et tiraient sur ceux qui essayaient de passer du Sud au Nord. L'épidémie finit par s'éteindre. Le mur subsiste en certains endroits, abandonné au lent envahissement de la végétation.

"Et ce serpent ruiné sans rien qui tienne ensemble ses écailles
Ce long cheminement qui est le reste d'une muraille
On a depuis belle lurette oublié ce qu' il délimite
Et que ce fut le grand terrain domanial de l'épidémie"

dira Aragon dans "Prose du bonheur et d'Elsa".
Pour lutter contre l'oubli, l'association "Pierre Séche en Vaucluse" a entrepris depuis 1986, aidée de bénévoles, de restaurer le mur de la peste et les aménagements qui l'accompagnent, et de rendre certains tronçons accessibles aux promeneurs.

Ⓐ Ⓑ Deux bories en parfait état ayant pourtant traversé plusieurs siècles. Le mur de la Peste Ⓒ leur est peut-être contemporain. En 1908, la Technique de construction a considérablement évolué Ⓓ, mais il s'agit là d'un ouvrage d'art destiné aux gens de la ville. A défaut de moyens, la campagne a su mettre à profit son ingéniosité pour répondre à ses besoins comme lors de la réalisation des aiguiers Ⓔ lui permettant de recueillir l'eau de pluie.

A

B

C

D

E

10 LES GORGES DE LA NESQUE
Monieux, la chapelle St Michel, la grotte de Castellaras

A 60 km à l'Est d'Avignon, au départ du joli village de Monieux, un sentier descend dans le fond des gorges de la Nesque et décrit un circuit impressionnant avant de remonter au Belvédère d'où la vue s'étend sur toute l'enfilade des gorges et le célèbre rocher du Cire.

fiche technique

Longueur : 12 km (circuit complet) ; 5 km (circuit réduit)
Dénivelé : 270 m (circuit complet) ; 150 m (circuit réduit)
Durée : 5 h (circuit complet) ; 3 h (circuit réduit)
Difficulté : sentier escarpé, vertigineux au bord des falaises
Période : toutes saisons (période sèche)
Equipement : bonnes chaussures
Point d'eau : au village

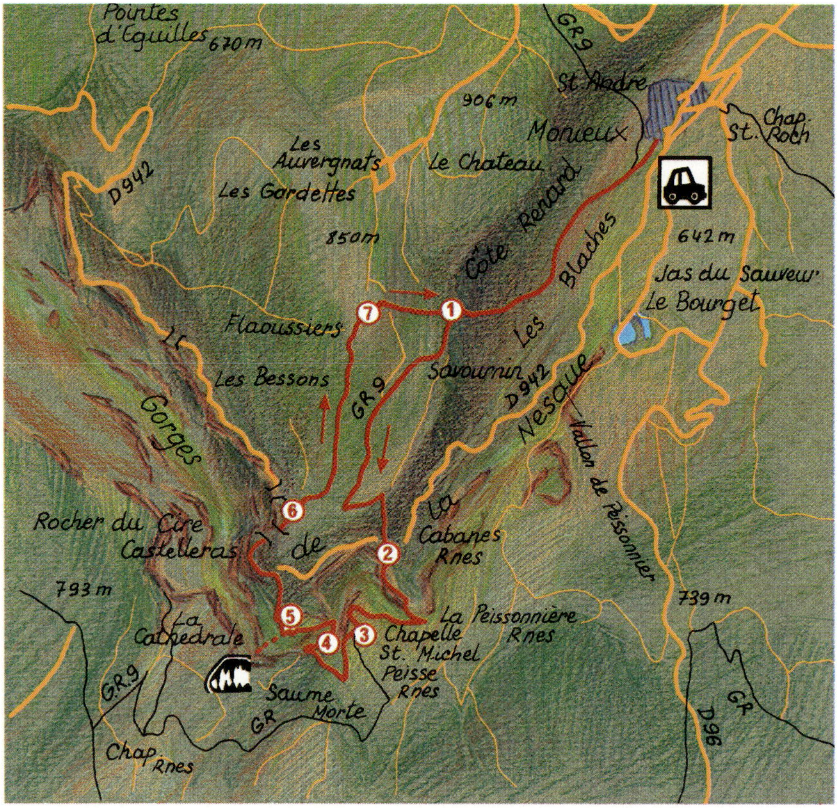

L'arrivée à la chapelle troglodytique romane St-Michel

Balisage : rouge et blanc (GR9), brun
Carte Michelin : n° 81 plis 13 et 14
Carte IGN : 1/25000 n° 3141 Est

itinéraire d'accès

D'Avignon prenez la D 225 et la D 942 direction Carpentras et Sault. Après Carpentras et à partir de Villes-sur-Auzon, remontez les magnifiques gorges de la Nesque. Allez jusqu' au village de Monieux dominé par une Tour et stationnez dans le bas du village. (Pour le circuit court, garez-vous au km 56 de la départementale, 800 m après le belvédère et 3 km avant Monieux).

description

A l'entrée de Monieux, empruntez l'escalier qui se trouve entre la seconde et la troisième maison à

gauche. Il mène à un sentier qui monte à gauche parallèlement à la route et en surplomb. Ne cherchez pas de marques de couleur. Le GR 9 passe au-dessus de Monieux ; vous le croiserez 200 m plus loin. A sa rencontre, empruntez-le à gauche en direction des gorges. Le sentier gravit la côte Renard dans un taillis de chênes, puis se dirige à gauche (1) vers l'ancienne ferme de Savournin. Dans la descente, votre regard porte, à distance, sur les falaises des gorges. Un croisement de pistes vous invite à diriger vos pas vers la gauche. Vous atteignez la route que vous traversez.

Départ du circuit court :

En face, vous trouvez les marques du GR et d'un tracé brun très discret (2) qui amorcent le plongeon dans les gorges : vous apercevez en bas le sentier qui serpente en corniche au-dessus du canyon : impressionnant ! Le parcours est sportif, mais sans danger. Rapide mais bien tracé, le GR emprunte des escaliers taillés dans les rochers au milieu des chênes, des buis et des genévriers. Au cours de la descente, vous remarquez de nombreuses grottes creusées dans les falaises, dont certaines ont servi d'habitat préhistorique. En bas vous atteignez la chapelle troglodytique romane Saint- Michel à trois étages rénovée au XVIIème siècle, un ancien lieu de culte et de pélerinage. (Un détour permet de découvrir une source à 300 m en aval). De la chapelle, le petit pont de bois invite à traverser le cours d'eau. En face le GR s'élève en rive gauche et serpente en corniche au-dessus de la rivière. Le coup d'oeil est unique sur le fond des gorges, mais les personnes sujettes au vertige feront bien de ne pas trop s'approcher du bord des falaises.

CB

Attention à l'appel du vide, le circuit présente des vues exceptionnelles sur le fond des gorges et sur les trous innomblables des falaises, véritable gruyère de calvaire où l'homme trouva refuge à toute époque.

CB

Balcons naturels dans la falaise de St-Michel.

CB

La vaste grotte préhistorique de Castellaras

Vous gravissez le Bau de l'Aubesier et à un endroit bien signalé, laissez le GR s'éloigner à gauche vers Saint Hubert (3) pour suivre tout droit le sentier balisé en brun qui va contourner un site archéologique. Vous empruntez à droite une piste qui mène aux fouilles et la quittez très vite à gauche puis à droite. (laissez le sentier bleu partir à gauche). Juste avant l'entrée du site, le sentier brun très discret dégringole à gauche vers le fond du canyon (4). Le cours d'eau apparaît enfoui dans une oasis de verdure. Il se traverse à gué en aval du site du Portail, un passage particulièrement étroit des gorges. (l'été il est souvent à sec et les gorges peuvent être parcourues par le fond). De l'autre côté vous entreprenez l'ascension de la rive droite. En vous retournant, vous apercevez la belle baume blanche de l'Aubesier. Dans un tournant à gauche, des points bruns conduisent hors sentier à la très vaste grotte préhistorique du Castellaras (5) : n' hésitez pas à faire le détour. Poursuivez en suivant les traits bruns votre montée vers le Belvédère que vous atteignez au niveau de la route ; il offre une vue plongeante de trois cents mètres sur les gorges dominées par le rocher du Cire. Le circuit court emprunte la route à droite sur 800 mètres pour ramener à la voiture.

Retour à Monieux par les sentiers :

Vous prenez à gauche la route départementale vers Carpentras, passez un premier tunnel et dans un tournant avant le second, remontez à droite (6) la piste carrossable du hameau des Flaoussiers. Quelques maisons sont retapées, d'autres en ruine. Au milieu d'un tournant après le dernier groupe d'habitations (7) cherchez un ancien chemin herbeux qui se dirige en oblique vers le Nord Est. Arrivé à proximité de ruches , il tourne à droite, traverse le chemin des Savournins et progresse vers l'Est de façon un peu hasardeuse. Laissez-vous guider par les murets de pierre pour ne pas le perdre et aller à la rencontre du GR 9 (1) emprunté au départ. Vous allez le suivre vers Monieux et le quitter à un embranchement déjà connu, pour gagner le village, ses maisons moyenâgeuses, sa tour du XIIème siècle et sa jolie place ombragée propice au repos après l'effort.

Un poème de Frédéric Mistral

fut gravé sur une pierre, en Provençal, au Belvédère du Cire, à l'occasion du centenaire de Calendau 1866-1966.

"Aquelo Nesco s'enfourno
Dins uno courbe arèbre e sourno ;
E ven piéi un mounmen que la roco subran
s'enarco amount qu' es pas de dire...
Vous parle dou roucas dou Cire :

CB

A la recherche de l'homme de Néanderthal

Vous aurez peut-être l'occasion de rencontrer à la belle saison quelques-uns des 18 chercheurs français, canadiens et américains qui fouillent le Bau de l'Aubesier sous la direction du Préhistorien Serge Lebel, professeur d'archéologie à l'Université de Québec à Montréal.

En quatre années de fouilles, ce vaste abri sous roche habité par les premiers vauclusiens il y a plus de 60 000 ans, aurait déjà livré plusieurs milliers de restes osseux ou dentaires et d'objets taillés en silex, un matériel qui révèlerait plusieurs occupations humaines superposées et donnerait des indications précieuses sur l'évolution de l'habitat, des outils, des habitudes de l'homme de Néanderthal vivant dans la région.

Les recherches qui vont se poursuivre pourraient apporter un éclairage nouveau sur un moment capital de la Préhistoire, le passage de l'homme de Néanderthal à l'homo Sapiens.

Ni cat ni cabro, ni satire
N' en responde segur, jamais l'escalaran !"

Cette Nesque s'engouffre
dans une gorge profonde et sombre ;
Vient alors un point où le roc brusquement
et étrangement se cabre
Je vous parle du rocher du cire :
Ni chat, ni chêvre, ni satyre
Je vous en réponds, jamais ne l'escaladeront !

Au pays de la cerise
(balade suivante)

Au printemps, le pays d'Apt, bourdonne intensément malgré le paysage encore enneigé : les abeilles butinent avec volupté les fleurs de cerisiers dans les vergers. En mai-juin règne une étrange animation : les fruits rouges sont mûrs pour la cueillette ; échelles et chevalets se dressent contre les arbres et les cueilleurs s'affairent. A l'automne un grand silence retombe sur les vergers couleur de feu. Le cerisier rythme les saisons de ses teintes changeantes. Il fait partie intégrante du décor. Tout le monde en possède. La cerise est une ressource importante pour la région. Il y a la cerise "de bouche" ou de table, à consommer telle quelle, la burlat, l'hedelfinger, le coeur-de-pigeon, la montmorency, le reverchon, le moreau. La cerise "industrielle" appelée bigarreau ou napoléon, se commercialise sous forme de fruit au sirop ou de fruit confit, grande spécialité d'Apt. Premier département producteur de France, le Vaucluse regroupe là ses vergers, ainsi que dans le Lubéron et le Ventoux.

CB

CB

Balade suivante, les ruines du château de St-Saturnin et une porte fortifiée de la ville moyenageuse.

11 l'AIGUIER DE TRAVIGNON

le Cluyer, l'aiguier et le hameau de Travignon, les portes de Castor

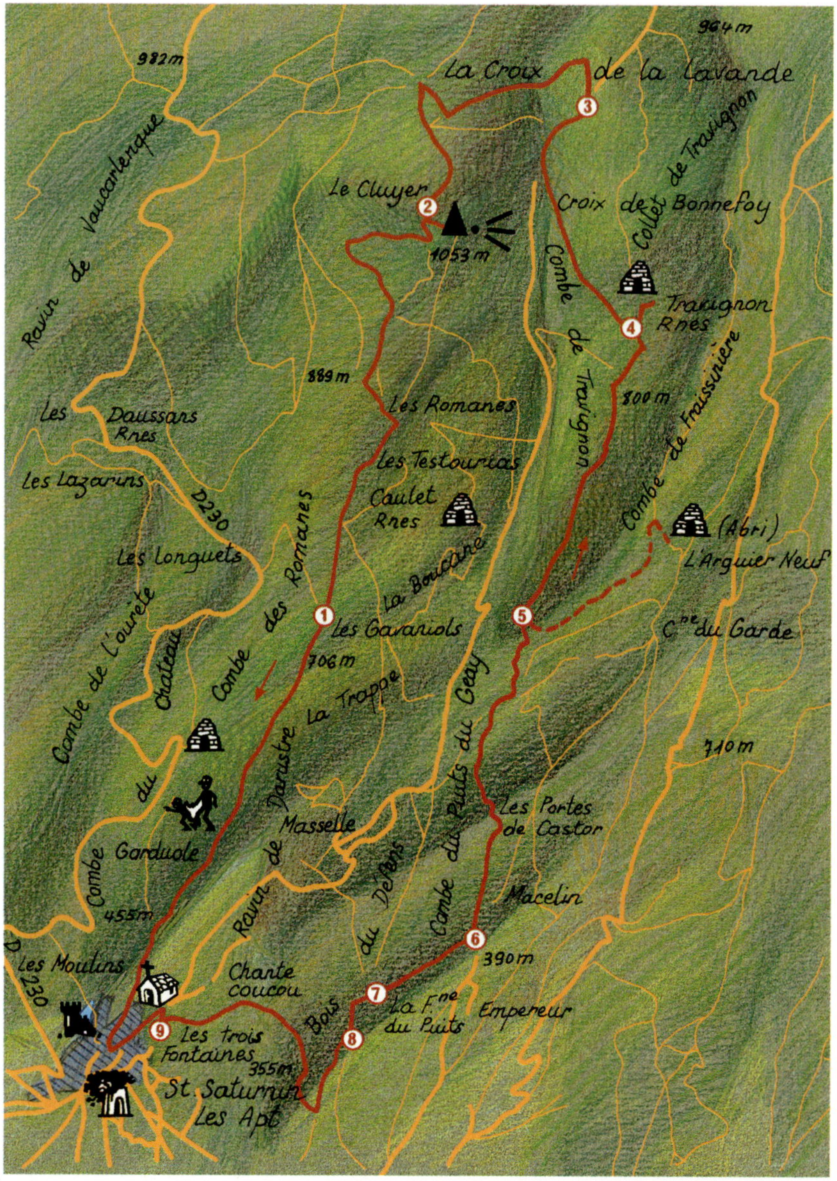

A 58 km à l'Est d'Avignon, un circuit intégrant les principales curiosités des environs de Saint Saturnin d'Apt : le village, son château, son sommet le plus proche et un des plus beaux aiguiers de la région.

fiche technique

Longueur : 17 km
Dénivelé : 650 m
Durée : 6 h
Difficulté : bonnes pistes bien balisées faciles mais assez longues ; quelques pentes rapides.
Période : demi-saison, hiver. (l'été au lever ou coucher du soleil)
Equipement : bonnes chaussures, eau
Point d'eau : Saint Saturnin
Balisage : vert n° 5 (local), rouge et blanc GR 9
Carte Michelin : n° 81 pli 14
Cartes IGN : 1/25000 n° 3141 Est St Saturnin d'Apt et 3241 Ouest Sault

itinéraire d'accès

D'Avignon, prenez la N 100 direction Apt. A l'entrée d'Apt, (à un feu de signalisation au milieu d'une côte), tournez à gauche vers le village de St Saturnin que vous apercevez au flanc de la colline, dominé par son château et ses moulins à vent. Stationnez dans le village (grande zone aménagée).

description

A gauche de l'église, vous trouverez le chemin pavé qui monte au château. Il vous invite à franchir la

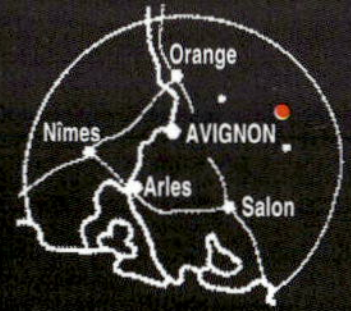

L'aiguier de Travignon.

porte d'enceinte, à découvrir le village médiéval et les vestiges du château qui domine des eaux du barrage. Du haut de la colline, la vue est imprenable sur l'église de Saint Saturnin et les toits du village superposés. A l'extrémité du plateau, il faut contourner l'ancienne chapelle castrale par la gauche pour trouver tout droit le chemin balisé vert n° 5 (un tracé local), à suivre une grande partie du circuit. Il s'élève dans le bois de la Gardiole, taillis de chênes-verts, de buis, de genévriers. Au niveau d'une piste carrossable, vous trouvez après quelques mètres à gauche (1) la piste des Romanes tout de suite à droite. Elle contourne le hameau et progresse en dessinant quelques lacets. De part et d'autre du chemin, bories et aiguiers témoignent d'un habitat très rude. Au sommet du Cluyer, à 1053 m d'altitude, vous pouvez vous approcher de la falaise à l'est pour admirer le panorama : les levers de soleil notamment y sont d'une rare beauté. Vous apercevez d'un côté le Ventoux, de l'autre, le Lubéron, et par temps clair, les Alpes et le Massif Central. Retrouvez le sentier à proximité d'un pin (2). Il entame sa descente sous le couvert d'une pinède, longeant les fils d'une vieille cloture électrique. En suivant bien les points verts n° 5, vous arrivez à une "piste" récemment ouverte. Suivez-là à droite sur 1 km seulement. A gauche, en plein bois, une belle borie en précède une autre, à côté d'un cabanon. Au carrefour, empruntez le GR 9 à droite (3). Il traverse un charmant sous-bois et oblique à gauche vers Travignon. A proximité du hameau abandonné, un détour (points bleus ou variante vert n° 5 à rebrousse-poil) (4) permet d'aller admirer les aiguiers de Travignon remis en état par l'Office National des Forêts. C' est un merveilleux ensemble de récupération des eaux de pluie et de ruissellement, comportant deux citernes couvertes, dont l'une avec une voûte en berceau, et leur réseau de rigoles creusées dans la roche. Le retour au GR 9 permet de traverser l'ancien hameau de Travignon dont les maisons sont envahies par la végétation. 30 habitants y vivaient encore en 1914 !... Dégringolez la combe de Travignon assez raide et mal commode, en suivant toujours le tracé du GR. De belles baumes occupent les massifs rocheux. A la croisée d'un chemin (5), un sentier hors circuit peut vous conduire à l'Aiguier Neuf (3/4 h AR). Plus bas, vous traversez le célèbre défilé des portes de Castor. En vous retournant, vous trouverez le passage entre les rochers encore plus impressionnant. Vous vous dirigez vers la combe du puits du geai, chère à Claude et François Morénas qui y avaient établi leur premier gite d'accueil. Environ mille mètres après les portes de Castor, quittez le GR au niveau d'un champ de cerisiers (6) pour suivre le sentier vert n° 3 qui monte sur la colline du Défens (surveillez attentivement les marques). Il débouche au sommet, sur une piste d'où le village de St Saturnin devient visible (7). Descendez-la sur 600 m à gauche, pour trouver à droite (8) un chemin qui revient au village à travers les vergers de cerisiers. Vous arrivez à la route goudronnée, et prenez à droite, puis à gauche (9) la rue la plus en pente qui pénètre dans le haut du village de Saint Saturnin par la porte Aiguier.

12 LE COLORADO PROVENCAL
circuit de découverte des carrières d'ocre de Rustrel

A 60 km à l'Est d'Avignon, 10 km d'Apt, un parcours dans les massifs couleur de feu sculptés par l'érosion. Une fête pour les yeux, un régal pour les photographes.

fiche technique

Longueur : 5 km (circuit court), 8 km (circuit long)
Dénivelé : 150 m
Durée : 2 h (circuit court) 3 h 30 (circuit long)
Difficulté : le bord des falaises en à-pic requiert un minimum d'attention ; les balisages et change-un minimun d'attention ; Trop nombreux balisages
Période : demi-saison, hiver. (Préférez le lever ou le coucher du soleil)
Equipement : randonnée légère
Points d'eau : Rustrel
Balisage : traits jaunes, verts, points jaunes
Remarque : respectez les terrains traversés tous privés

itinéraire d'accès

Dans Apt, prenez sur la gauche la petite route de Banon (CD 22). A 10 km, laissez à gauche la route de Rustrel , continuez tout droit vers Banon et prenez la 3ème petite route à droite qui indique "colorado". Stationnez à l'emplacement aménagé tout de suite sur la gauche.

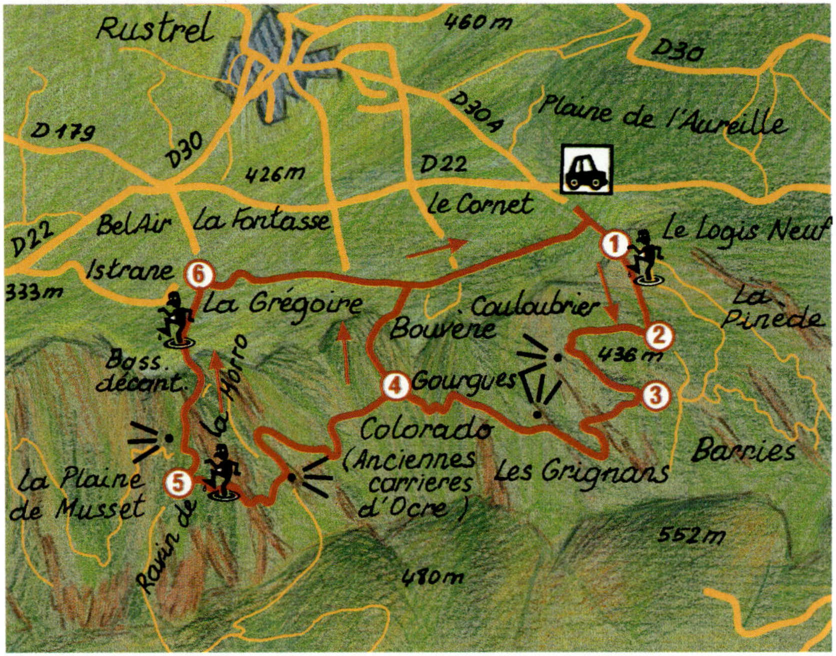

description

Descendez la petite route et la large piste en terre qui la prolonge, (balisée par le GR 6 rouge et blanc, un tracé local jaune et un vert). Avant d'atteindre la rivière, la Doua. Laissez le GR filer tout droit et suivez le sentier qui bifurque à droite, la traverse à gué et s'élève de l'autre côté sur le flanc de la colline (1). Vous remontez un chemin qui se faufile entre les bruyères arborescentes, (végétation caractéristique des plantes de maquis), et sous le couvert des chênes pubescents. Il s'y enfonce dans un agréable sous-bois de pins sylvestres et débouche sur les fameux massifs d'ocre (2). Des pans de falaises rouges et fauves sculptées et coiffées, émergent des anciennes carrières d'extraction. On les appelle les Cheminées des Fées. Coup d'œil unique ! Spectacle féerique ! En suivant toujours la falaise, la vue se fait plus ample sur l'ensemble du cirque de Bouvène aux sables multicolores, dont vous allez faire le tour en suivant les accidents du relief. Le sentier (traces jaunes) va s'en s'éloigner temporairement pour sinuer vers le sud-est dans les bruyères. A 300 mètres environ, au niveau d'un petit chêne pubescent balisé bleu clair, il faut le quitter pour prendre à droite un sentier balisé jaune et bleu (3) qui descend dans le vallon des Grignans par un très étroit couloir entre des massifs de sable blanc. Il serpente ensuite au fond du vallon dans un petit bois clairsemé. Suivez-le jusqu'à un bas-fond où des balisages sur un arbre vous invitent à remonter à gauche jusqu'à une

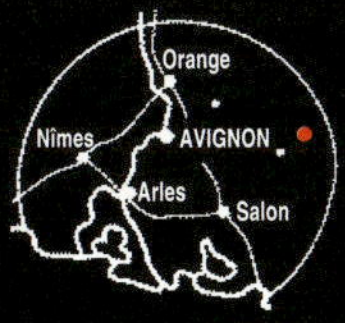

croupe d'où la vue apparaît sur le cirque. Vous passez dans les massifs de sable et descendez vers la rivière que vous rejoignez à l'endroit où elle va dégringoler le long d'un rocher. Prenez le temps d'aller admirer la cascade juste au-dessous. Vous remontez ensuite le sentier qui gravit la colline. Au sommet, le cirque de Bouvène réapparaît sous un angle nouveau, offrant au regard ses sables de feu, de sang et d'or. Vous poursuivez sur le sentier jaune qui arrive droit sur le cirque et descendez à droite un couloir de sable rouge assez escarpé qui mène au creux du vallon. Vous y retrouvez un ruisseau aux abords d'une cavité creusée dans le sable. Longez-le jusqu' à un cabanon (ancienne pompe) au pied d'un poteau électrique. Vous remontez alors à gauche, longez un ancien verger de châtaigniers et un sous-bois de fougères aigles, avant de gagner le sommet de la falaise. Arrivé sur un replat où des sentiers se croisent, deux possibilités s'offrent à vous pour la suite de la promenade :

Un circuit court redescend à droite vers le hameau de Bouvène par un sentier anciennement balisé de jaune (4). Après avoir traversé d'autres carrières, il rejoint la petite route du GR 6 qui, empruntée à droite ramène au point de départ. (En chemin un détour hors-circuit permet à ceux qui le souhaitent de s'avancer au coeur des massifs d'ocre. Empruntez pour cela une des voies proches de l'ère de stationnement longée sur la droite).

Un circuit plus long poursuit le tour du cirque. Le sentier balisé jaune emprunté tout droit traverse un sous bois de chênes pubescents et de hautes bruyères, et descend à gauche au pied d'une magnifique falaise

CB

CB

"Une fête pour les yeux", peut-on imaginer un mariage aussi saisissant de complémentaires ?... Un "phallus minéralus érectus" appelé pudiquement "cheminée de fée"...

(A) Un trou naturel de la falaise intriguant les baladeurs les plus curieux. (B) Ancienne galerie d'ocres creusée autrefois par l'homme dans laquelle poussent aujourd'hui les "champignons de Paris". (C) Le Cyclone, centrifugeuse électrique, séparant le sable de l'ocre. (D) Le lavage de l'ocre. (E) L'acheminement vers les bassins de séchage (F). (G) Le carrelage d'un bassin après séchage. (H) Le découpage et l'extraction des "Briques" d'ocre du Bassin. (I) Les murets d'ocre pour le séchage définitif des Briques.

(documents extraits du livre-cassette "Le Luberon", de Jean-Paul Clébert et Pierre Bonte. 1990 Le Pélican/Audio-Com).

Pour le simple plaisir des yeux, des paysages qui vous renvoient à des images de Colorado. Les cigales remplacent ici les coyotes et les indiens.

sculptée, le massif des Santons. En le longeant et en grimpant un raidillon dans le sable, puis un autre sur la gauche qui surplombe le chemin principal, vous parvenez au sommet d'une falaise d'où la vue s'ouvre sur le vallon des Roches Rouges. Après un tournant à gauche, la traversée d'un bois de pins conduit à un nouveau massif écarlate. Un raidillon, juste avant à droite, redescend vers le vallon des Vernes. La cascade de la Fédo Morte (la brebis morte) vous attend en bas ; franchissez-la pour remonter de l'autre côté, d'où s'offre une belle perspective sur les Roches Rouges. On rejoint le chemin venant de Caseneuve, jalonné de traits jaunes (5) qui se dirige à droite vers Rustrel. Vous le suivez pour descendre la colline, après avoir observé sur la gauche des falaises de sable blanc et un peu plus bas les bassins de décantation des ocres. Vous vous dirigez vers la Doua que vous traversez à gué avant d'arriver à la ferme d'Istrane (6) ; vous y retrouvez le GR 6 qui vous ramène au point de départ. De la petite route, les carrières flamboyantes vous apparaissent une dernière fois enfouies dans leur écrin de verdure et les "cheminées des Fées" qui vous ont émerveillé surgissent, dorées par le soleil couchant.

l'ocre

L'ocre s'extrait dans des carrières à ciel ouvert ou des galeries, avant d'être recueilli dans des bassins de décantation. C' est un pigment minéral naturel que l'on utilise comme colorant. Il est composé d'oxydes de fer qui créent des symphonies de couleur infiniment variées. Les gisements du Plateau de Vaucluse qui s'étendent sur plus de 20 km ont connu une période d'exploitation intensive entre la fin du XVIIIème et le début du XXème siècle, supplantés ensuite par les colorants synthétiques. Pour le plaisir des yeux, il nous reste aujourd'hui le spectacle de cirques aux teintes éclatantes, hérissés de pics sculptés. On doit à François et Claude Morénas, randonneurs passionnés, d'avoir ouvert à Rustrel, avec la bienveillance des propriétaires de terrains, des circuits étonnants. Que notre respect de ce lieu fragile, baptisé Colorado Provençal, soit une façon de remercier les uns et les autres. On lira avec le plus grand intérêt le topo-guide "Circuits de découverte du Colorado Provençal" de F. et C. Morénas. (auberge de jeunesse de Regain 84400 APT).

13 LE CANYON D'OPPEDETTE
Le tour des gorges et le village d'Oppédette

A 65 km à l'Est d'Avignon, une balade magnifique en corniche au-dessus du canyon que surplombe le charmant village d'Oppédette : des points de vue impressionnants.

fiche technique

Longueur : 7 km
Dénivelé : 150 m
Durée : 4h
Difficulté : sentiers faciles et bien balisés des 2 côtés des gorges, mais des passages en balcon un peu vertigineux

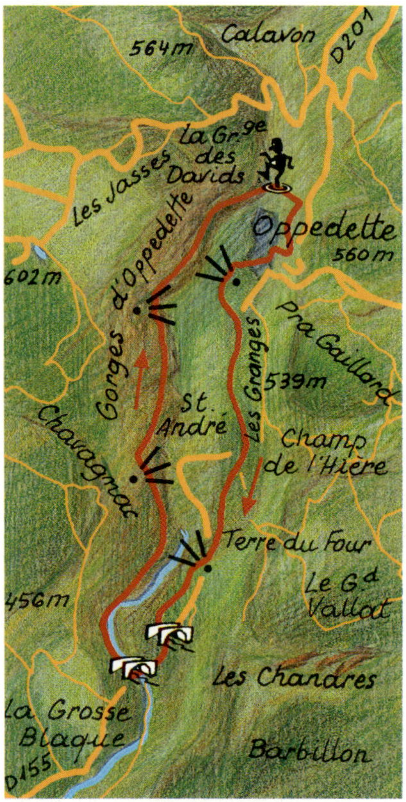

Période : toutes saisons par temps sec, ensoleillé, sans mistral.
Equipement : bonnes chaussures
Point d'eau ; village d'Oppédette.
Balisage : bleu clair (Parc), rouge et blanc GR 6
Carte Michelin : n° 81 pli 14
Cartes IGN : 1/25000 n° 3241 Est et 3242 Est

itinéraire d'accès

d'Avignon, prenez la N 100 vers Apt puis Forcalquier. Après Apt et avant le village de Céreste, prenez à gauche D 155 vers Oppédette. 3 km avant le village stationnez à droite juste après le pont de la Blaque au-dessus du Calavon. (panneau indicatif).

description

Vous retraversez le pont pour trouver le sentier de départ balisé bleu à son extrémité à droite. Très discret, il s'engage sur la rive droite des gorges. Agréable sentier pierreux ombragé de chênes, il serpente le long des falaises au-dessus des gorges impressionnantes du Calavon. Pour passer le lit d'un torrent il s'en éloigne un moment puis revient sinuer en corniche. Des Belvédères ont été spécialement aménagés pour offrir un panorama sans danger : en bas dans l'échancrure, le Calavon, maigre filet d'eau, circule entre les pierres et remplit d'eau verte des marmites géantes enfouies dans la végétation. Sur la gauche, dans une cavité, apparaît le haut d'une échelle. C' est la rencontre avec le circuit bleu qui remonte du fond des gorges.

ASB

Un village du bout du monde et du bout des temps

Accroché à l'extrémité de la falaise, Oppédette veille sur son canyon
depuis des temps très anciens. Installé sur un site préhistorique qui a livré des ossements d'animaux, des pierres taillées, des poteries, il devint Oppidum Gallo-Romain. On y a retrouvé une inscription latine au dieu Mars.

Au niveau du village, la rivière du Calavon a taillé son lit dans d'énormes barres rocheuses, creusant un canyon, ou gournié, de 2 km 50 de long sur parfois 200 m de profondeur. l'érosion a formé des trous dans les falaises étroites et la rivière remplit les "marmites de géants". Elle peut être fougueuse ou bien à sec, selon la quantité d'eau de ruissellement qu' elle recueille.

C' est le mouvement "Alpes de Lumières", avec Pierre Martel, qui a aménagé des sentiers sur le site, avec belvédères, rampes, mains courantes et échelles, pour rendre les gorges accessibles aux randonneurs sportifs.

CB

Vous ne descendez pas mais poursuivez tout droit votre marche sur le tracé bleu clair en prenant la main courante qui vous aide à contourner un rocher plus exposé. Le sentier poursuit sa promenade en à-pic : spectacle vertigineux ! En face, sur l'autre rive, on aperçoit l'ancien moulin et le village d'Oppédette avec ses maisons aux volets bleus, qui semble monter la garde au-dessus du canyon. Une dernière descente vers le Calavon par un court passage dans un couloir taillé dans le rocher vous mène en bas. Vous traversez le torrent à gué et remontez de l'autre côté sous le massif rocheux. Une visite d'Oppédette vous fait découvrir sa fontaine-lavoir et ses maisons restaurées. Vous pourrez vous rafraîchir au petit café du centre très accueillant. Ensuite vous montez sur le plateau par le GR 6 qui s'élève à gauche de la fontaine. En vous retournant, une belle vue s'offre sur les toits du village. Vous longez le cimetière et si vous n'êtes pas sujet au vertige, allez jusqu' au belvédère d'où le point de vue sur le canyon est impressionnant. Tout près, des panneaux vous donnent des informations sur les différents itinéraires de découvertes.
(Les plus téméraires pourront se risquer hors circuit par le sentier bleu qui se dirige vers le fond des gorges. Escaliers, rampes, mains courantes mènent au pas de la Cheville, où l'on trouve le lit du Calavon. La remontée se fait par le même chemin 3/4 h AR).
Jusqu' au pont de la Blaque, le GR 6 serpente en balcon au-dessus du canyon, en rive gauche. Il ne s'en éloigne que pour contourner le vieux moulin et traverser la départementale à plusieurs reprises. Un dernier tour en bordure de falaise offre le spectacle des gorges en enfilade. Vous rejoignez le pont du Grand Vallat situé à quelques dizaines de mètres du pont de la Blaque, lieu du départ.

ASB

L'arrivée sur le village par le plateau. Les dernières maisons surplombent le vertigineux canyon creusé par la rivière du Calavon.

14 LA VALLEE CLOSE
Fontaine de Vaucluse, les Fayardes, le Valescure

A 28 km à l'Est d'Avignon, un circuit au-dessus du cirque montagneux de la Vallée Close, parcours champêtre sur des sites anciennement habités (fermes et bories), et spectacle grandiose du village déroulant ses eaux émeraudes au pied de l'immense falaise.

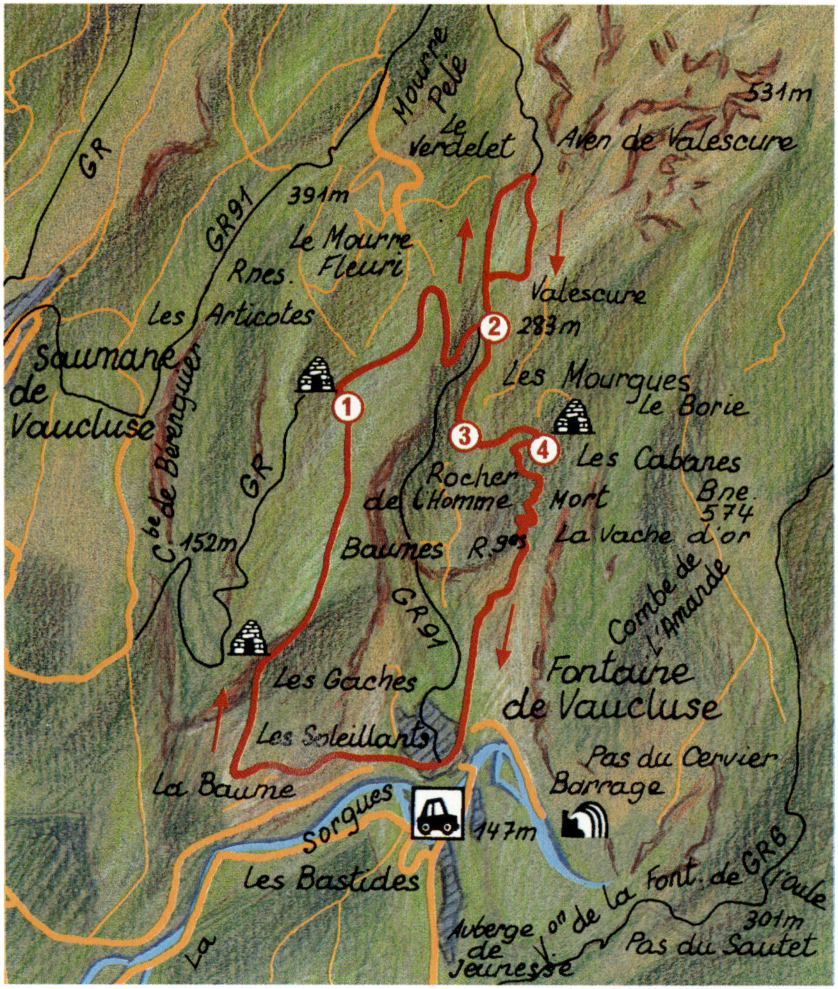

fiche technique

Longueur : 7 km
Dénivelé : 230 m
Difficulté : descente un peu rapide
Durée : 2 h 30
Période : demi-saison, hiver
Equipement : randonnée légère
Point d'eau : à Fontaine de Vaucluse
Balisage : jaune, rouge et blanc (GR 91 variante)
Carte Michelin : n° 81 pli 13
Carte IGN : 1/25000 n° 3141 Ouest et 3142 Ouest
VTT oui à condition de redescendre par la piste de l'ancien GR 91

itinéraire d'accès

D'Avignon, prenez la N 100 vers Morières puis l'Isle sur la Sorgue. A la sortie de l'Isle, prenez à gauche la D 938 vers Pernes-les Fontaines, puis tout de suite à droite la D 25 vers Fontaine-de- Vaucluse. Garez-vous le long de la Sorgue à droite de la route le plus près possible du village. (emplacement prévu malheureusement payant).

description

De la place de l'église, revenez quelques mètres en arrière sur la route départementale, pour trouver sur la droite la voie goudronnée des Fayardes (non signalée, mais balisée en jaune) qui s'élève en oblique à l'ouest, dans un quartier de maisons. A 250 m environ, négligez le chemin d'une ferme qui s'élève sur la droite. Votre route devenue piste se poursuit tout droit. Au fur et à mesure de l'ascension la vue devient plus ample sur la Sorgue aux eaux transparentes couleur émeraude et sur les falaises ro-

Une mystérieuse Fontaine

Au fond d'un cirque rocheux, au pied d'une falaise de 230 m, coule la célèbre Fontaine qui a donné son nom au département, Vallis Clausa, Vallée Close, Vaucluse. Elle serait une des plus importantes exurgences du monde, un des plus profonds gouffres noyés. Elle surgit d'un réseau souterrain qui charrie les eaux calcaires infiltrées dans les plateaux de Vaucluse, du Ventoux et de la montagne de Lure. Caprice de la nature ou mystère géologique, elle offre selon les saisons le spectacle calme d'un lac vert immobile ou celui, impétueux d'un torrent en furie qui bondit par dessus la vasque. Elle doit sa couleur à sa flore aquatique, en particulier au Berle ou Ache d'eau qui pousse à profusion dans ses eaux. Les poètes chantent sa beauté (Pétrarque, Mistral ...). Les spéléologues et scientifiques cherchent à résoudre son énigme : des plongeurs équipés de scaphandres descendent dans le gouffre, remplacés maintenant par des robots plongeurs. Le dernier, le Modexa a atteint le fond d'un puits à moins 315 mètres de profondeur et découvert, juste au-dessus, d'énormes galeries, pour le moment inaccessibles. Le musée spéléologique Norbert Casteret présente l'histoire de l'exploration de la Fontaine qui garde encore secrète une partie de son mystère.

cheuses dominées par le château féodal. Ancien chemin muletier, la piste bordée de murets en pierre sèche, amorce une courbe vers le Nord et traverse les ruines de l'ancien hameau de Gaches, avec ses restes de maisons et ses bories. Devenue sentier, elle se dirige vers la ferme des Fayardes, offrant des vues étendues à gauche sur la plaine et sur la combe du Béringuier. La rencontre avec une piste empierrée (1) invite à bifurquer à gauche puis 50 m après, à droite, pour contourner la ferme par le Nord. En chemin, deux bories bien conservées, installées dans une même cour, sur la droite, méritent une visite. Ils ont l'air de servir d'abri. Dépassez la ferme des Fayardes construite autour d'une borie et prenez le chemin qui descend à droite en dessinant de larges virages. Au milieu du second, vous rencontrez la piste empruntée par le GR 91. Remontez-la à gauche vers la ferme du Valescure, située dans la verdure, véritable oasis au pied des massifs rocheux. En faisant le tour du domaine, vous constaterez malheureusement l'état de dégradation des bâtiments et l'abandon des vergers. Redescendez jusqu' au point de jonction avec la piste des Fayardes où vous trouvez, à gauche (2), la variante du GR 91, votre parcours. Un sentier s'enfonce dans un taillis, s'élève sur une colline et à 500 m bifurque à gauche à angle droit (3). Il grimpe jusqu' à une borie bien conservée et, juste avant, s'engage à droite (4) et dévale la colline en serpentant dans un sous-bois jonché de ruines. Ce sont d'anciennes habitations envahies par la végétation, comme "les Cabanes" à gauche. Le village de Fontaine de Vaucluse n' est plus très loin. Sa combe rocheuse se profile déjà et l'on aperçoit les tours en ruine de son château perché. Vous arrivez au village par l'allée qui mène à la fontaine.

L'exurgence bouillonnante de la Fontaine du Vaucluse est si célèbre qu'elle donna son nom au département. Elle demeure une énigme géologique.

15 AUTOUR DE l'ABBAYE DE SENANQUE
Gordes, les gorges de la Sénancole, le village des Bories

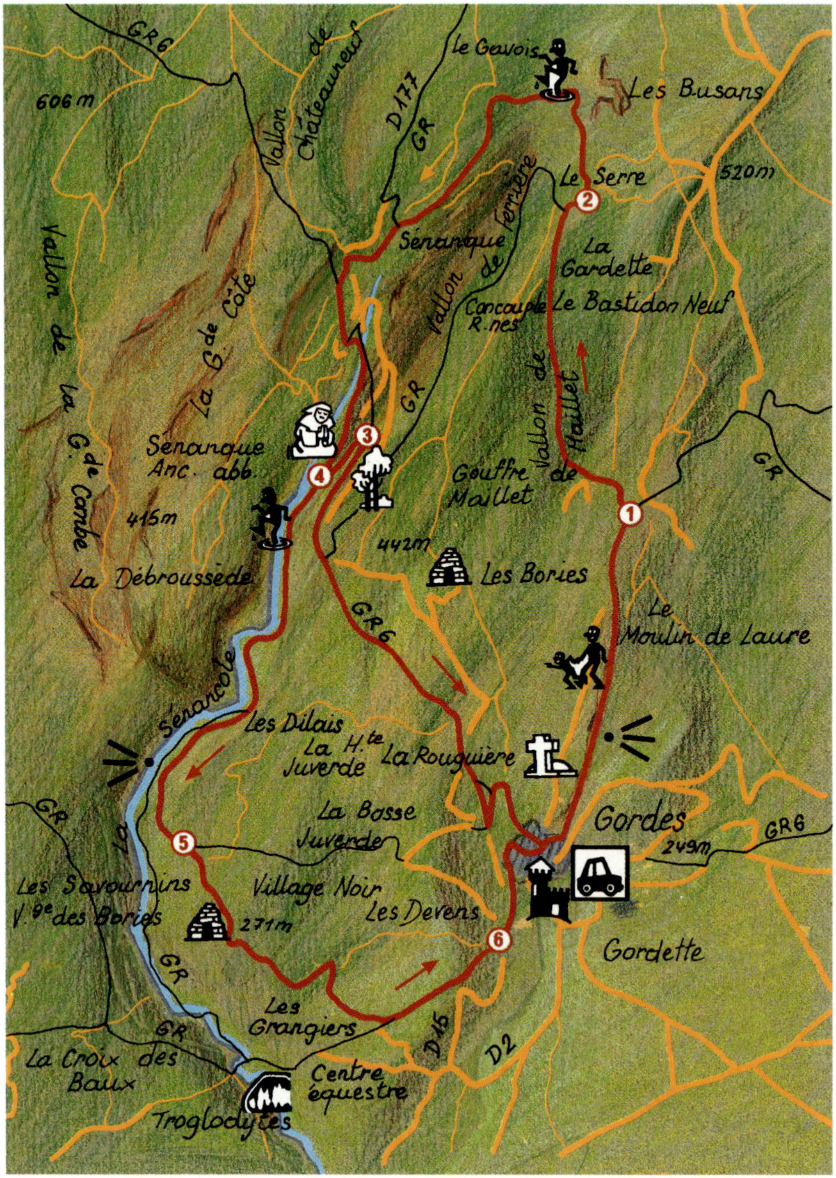

A 40 km à l'Est d'Avignon, une balade qui permet de découvrir dans des paysages superbes, le prodigieux travail des bâtisseurs de pierre, du modeste borie à l'abbaye cistercienne.

fiche technique

Longueur : 9 km (circuit court), 12 km (circuit long)
Dénivelé : 250 m
Durée : 3 h 30 (circuit court), 5h (circuit long)
Difficulté : un court passage un peu escarpé (circuit long)
Période : hiver, demi-saison
Equipement : randonnée légère
Point d'eau : à l'abbaye
Balisage : bleu, rouge, rouge et blanc (GR), croix jaune orange
Cartes Michelin : n° 81 pli 13
Cartes IGN : 1/ 25 000 n° 3142 Ouest et 3141 Ouest

itinéraire d'accès

Quittez Avignon par la N 7 et rejoignez la D 22 puis la N 100 vers Apt. A Coustellet, prenez à gauche la D 2 vers Gordes. Stationnez sur la place du château ou à défaut sur le parking face à l'hôpital, au début de la route de Murs.

description

Le Château est notre point de départ. De là, il faut descendre vers la Poste et prendre à gauche le "chemin des barres", une impasse goudronnée, bali-

sée de bleu. A votre gauche s'étend le cimetière et à droite se profile le massif du Lubéron avec les ocres de Roussillon. Le chemin, bordé de murs de pierres vous conduit à la route de Murs que vous empruntez à droite sur 400 m, avant de bifurquer à gauche (1) vers le mas de Fontanille. Au niveau du camping, choisissez à droite le vieux chemin bordé de murs (Balises bleues, points rouges) qui parcourt une garrigue de chênes-verts et débouche sur des champs cultivés. Suivez un sentier qui borde un champ de lavande sur sa gauche jusqu' à un bois de pins d'Alep. Là vous rencontrez une large piste marquée de points bleus que vous remontez à droite sur 150 mètres. Vous devez ensuite tourner très franchement à gauche (2) en suivant des marques rouges, puis bleues et rouges, pour descendre dans un cirque rocheux face à la ferme des Busans. Les pierres à nu cachent au printemps des fleurs minuscules adaptées à la sècheresse. En bas, le sentier oblique nettement à gauche pour traverser le vallon et passer à gué le lit de la Sénancole. Il grimpe jusqu' à une grande piste qui mène à un point de vue sur la crête de Serres. Le sentier descend dans les chênes pubescents et dessine deux boucles, l'une à droite, l'autre à gauche (points rouges), avant d'arriver à la bergerie de Sénanque. L'abbaye apparaît blottie au fond de son vallon. Longez la bergerie et rejoignez la route que vous traversez. En face sur la droite, un raidillon balisé de points bleus s'élève dans les éboulis et les buis à la rencontre du GR 6 qui, après avoir coupé les lacets de la route, conduit à l'abbaye de Sénanque, au milieu des lavandes. L'abbaye cistercienne mérite votre visite. A la merveilleuse librairie de l'entrée, vous trouverez le meilleur accueil.

ASB

CB

Les toits du village de Gordes et l'abbaye de Sénanque.

ASB

MP

Le village des Bories (voir page 40 le chapitre "des pierres pour bâtisseurs").

Pour continuer la balade deux possibilités :

Circuit court : Retour par le GR 6. Vous le rejoignez par un sentier (orange) qui monte sur la gauche de l'abbaye (3), offrant des vues remarquables sur Sénanque. Il rencontre la route de Gordes et flirte avec elle jusqu' à l'arrivée au village, en passant devant de magnifiques bories.

Circuit long : Retour par les gorges de la Sénancole et le village des Bories. Le sentier démarre dans le dos de l'abbaye. Vous longez le monastère jusqu' au vieux chêne au tronc creux et empruntez le sentier de la Débroussède. A 100 m, au niveau d'un rocher, vous quittez le sentier principal pour suivre l'itinéraire balisé de croix jaunes-orangées qui dégringole à gauche vers la Sénancole (4). Un court passage un peu escarpé mène au cours d'eau. Par le lit du torrent et ses berges couvertes de genêts d'Espagne et d'ajoncs épineux, le sentier sauvage tortille entre les rochers et se faufile entre d'imposantes parois. A droite, un bel abri sous roche est dominé par un piton. A la sortie du canyon, le cirque s'élargit dans les chênes-verts et les genévriers. Le sentier (croix jaune-orangé) rejoint le confluent de la grande combe arrivant de la droite. Là, au niveau d'un cairn, il faut remonter le sentier (bleu) qui s'élève vers le plateau, face au Lubéron. Il longe des murs de pierre sèche et rejoint une piste en contre-bas. A un poteau d'incendie, (5) un vieux chemin à droite (points rouges) vous conduit entre des murets vers Savournins et le Village des Bories. Ce musée de l'habitat rural présente une vingtaine de bories reconstitués selon les anciennes traditions. La visite est très intéressante (droit d'entrée). Vous reprenez la petite route de Gordes qui tourne à gauche à une fourche, traverse le plateau des Devens et à une première jonction avec la route, remonte par un chemin parallèle jusqu' à une seconde intersection. Vous traversez (6) et prenez tout droit. Au bout du chemin, une vue panoramique unique s'offre à vous : le village de Gordes accroché à son promontoire, dans son décor de cyprès, d'oliviers, d'amandiers. En suivant la petite route goudronnée qui descend en bas du vieux village, vous gravissez les ruelles escarpées de Gordes, qui vous ramènent au château.

Le joyau cistercien

L'abbaye de Sénanque, l'une des trois abbayes cisterciennes de Provence avec Silvacane et le Thoronet est un ensemble architectural roman remarquablement conservé, blotti au fond du vallon austère de la Sénancole. Un modèle de beauté, de simplicité, de pureté des lignes. Construite avec la pierre trouvée sur place, elle s'intègre harmonieusement au paysage. Son plan s'inscrit dans une combinaison de carrés et de cercles inscrits dans des carrés. L'unité de base, ou nombre d'or de l'édifice se remarque par une main gravée dans la pierre, sur la voûte de l'escalier qui mène au dortoir.
En 1988, après des années d'absence, les moines sont revenus occuper l'abbaye, rendant le monastère à sa véritable vocation première. Les visites de l'abbaye continuent. Ne manquez pas celle de l'église avec sa nef dépouillée, sa coupole sur trompe, son cloître carré aux colonnes jumelles et aux chapiteaux à décor végétal.

MP

Balade suivante : le village de Roussillon se farde outrageusement des ocres de ses carrières. "On a marché sur Mars", promenade sur la planète rouge…

CB

16 LE SENTIER DES OCRES DE ROUSSILLON
un circuit aménagé par le Parc Naturel Régional du Luberon

A 44 km à l'Est d'Avignon, une balade féérique dans le site enchanteur des falaises de Roussillon aux couleurs de feu : le dépaysement du Dimanche incontournable.

fiche technique

Longueur : 1 km
Durée : 1 h 30
Dénivelé : quelques dizaines de mètres
Difficulté : glissade par temps pluvieux
Période : toutes saisons
Equipement :vêtements et chaussures ne craignant pas la teinture rouge
Balisage : panneaux présentés par le Parc du Luberon
Carte Michelin : n° 81 pli 13
Carte IGN 1/25000 : n° 3142 Est Apt Ouest, Bonnieux

itinéraire d'accès

D'Avignon, prenez la D 22 ou la N 100 direction Apt. A N. Dame de Lumières, prenez à gauche la D 104 vers Goult et Roussillon. Le village apparaît, ramassé autour de ses maisons crépies de toutes les nuances d'ocre. Stationnez au parking de la poste.

description

Dirigez-vous vers les célèbres falaises dont les ocres plantés de pins verts émergent sur le bleu intense du ciel. A quelques centaines de mètres en vous retournant, le village paré de couleurs vous apparaît, rassemblé sur sa colline. Après avoir longé le cimetière, vous arrivez devant de grands panneaux qui expliquent la place de l'ocre dans le pays d'Apt, le processus géologique de sa formation et sa nature, ses modes d'exploitation et de transformation. Un sentier vous invite à vous approcher de la falaise : le spectacle est grandiose : voici la Chaussée des Géants, immense falaise de feu déchiquetée par l'érosion. Moment d'émotion. N' hésitez-pas, plongez dans cette mer de sable rouge. A vous les joies énivrantes de la découverte et les rires partagés. Tant pis pour les chaussures blanches. Un premier couloir de sable vous fait une haie d'honneur. En bas surgissent du vallon de véritables lames d'ocre où s'accrochent quelques pins et chênes-verts. Huit panneaux explicatifs vont ensuite jalonner votre parcours. Les premiers sont tout proches. Après le quatrième, une curiosité vous attend, une cavité creusée dans la falaise. On peut y pénétrer et ressortir de l'autre côté. A l'intérieur vous trouvez ombre et fraîcheur. Plus loin, il faut se hisser sur le sentier un peu escarpé d'une colline toute rouge. Par temps sec un nuage ocre voltige et vous enveloppe. S ' il fait humide le sable colle aux semelles et les nuances de couleurs sont plus éclatantes. De hautes falaises sculptées apparaissent, dominant le vallon, les Cheminées des Fées et en face, le cirque des Aiguilles. Après une boucle, le décor change. vous pénètrez dans un sous-bois de châtaigniers, et après avoir gravi une colline, vous vous retrouvez dans une agréable clairière où le sentier saumon s'égaye dans les roseaux, au chant rythmé du coucou. Havre de beauté paisible et d'harmonie. En poursuivant votre cheminement, vous rejoignez le sentier de départ. Vous foulez à nouveau les sables multicolores de la Chaussée des Géants et quittez à regret ces falaises flamboyantes qui vous ont enchanté.

ASB

Monts de Vaucluse

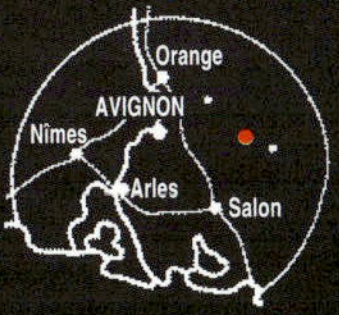

ASB

ASB

S.M.

La Légende de Roussillon (appelé par les Romains : Vicus Russulus = le Mont Rouge)

On raconte qu' au XII ème siècle le sang répandu de la belle Sirmonde aurait coloré les falaises et le village de mille nuances d'ocre.
Son mari, Raymon d'Avignon, co-Seigneur de Roussillon la délaissait souvent pour aller à la chasse. Un troubadour, Guillaume de Cabestan qui vivait au Château vint la consoler. Ils s'éprirent l'un de l'autre. Le mari éconduit emmena Guillaume à la chasse pour le tuer. Il arracha son coeur qu' il fit préparer par son cuisinier pour le repas. Sirmonde s'en délecta. Quand elle apprit la vérité, elle courut se jeter du haut de la falaise. Les deux amants furent enterrés ensemble et leur sang répandu aurait coloré le paysage.

Le grand paon de nuit, des yeux de hibou *(Saturnia pyri)*

Avec ses 12 centimètres d'envergure, ce papillon typiquement méditerranéen est sans conteste le plus grand d'Europe. Assez courant, même dans les villes, il se rencontre autour des éclairages publics lors des premières soirées chaudes du mois de mai. Somnolant sur les troncs d'arbres et au pied des murs la journée, il est aisé de prendre en main, pour l'observer, ce bel animal inoffensif, quoique impressionnant avec ses deux grandes ocelles caractéristiques. La femelle dépose ses œufs sur les saules et les arbres fruitiers avec une prédilection toutefois pour les poiriers et les amandiers. Sa chenille est aussi l'une des plus curieuses de nos contrées : énorme et de couleur vert tendre, elle porte des taches rouges et deux rangées de verrues bleues desquelles jaillissent de longs cils noirs et soyeux. Dans la main, cet animal de 10 centimètres de long émet un curieux couinement de réprobation. **J.M.R.**

Les rues du village de Roussillon, le clocher et, non loin de là, ses sœurs jumelles les cheminées de fée... ou comment pour se mettre au vert on choisit de vivre en rouge.

Le Luberon sauvage

"Une grande baleine bleue", selon la vision de Giono. La chaîne du Luberon étire sa longue crête d'Ouest en Est sur 65 km entre Cavaillon et Manosque, assemblant les vallées du Calavon au Nord et de la Durance au Sud. A l'Ouest, le Petit Luberon (700 mètres d'altitude) : un paysage accidenté de hautes falaises rocheuses. A l'Est le Grand Luberon (point culminant 1125 mètres au Mourre Nègre) aux formes plus arrondies. Creusée il y a des millénaires par la rivière de l'Aiguebrun, la combe de Lourmarin sépare ces 2 massifs. Montagne aux deux visages, le Luberon offre un versant sud de type méditerranéen et un versant Nord à la végétation plus montagnarde.

Cette région de Provence est aussi appréciée pour la richesse de son patrimoine architectural et historique, que pour l'harmonie de ses paysages et le caractère de ses villages, la douceur de son climat et les produits de son terroir. Elle est, notamment dans sa partie centrale, une zone de nature et de silence, un remarquable réservoir végétal et animal protégé par le Parc Naturel Régional du Luberon créé en 1977. Des conditions originales de climat, de relief, d'altitude, d'exposition y favorisent en effet le développement d'une flore diversifiée, parfois rare, et d'une faune variée comportant même des espèces en voie de disparition.

Amateurs de botanique, réjouissez-vous. Plus de mille cinq cents espèces végétales ont été répertoriées dans le Parc.

Le versant Sud, très ensoleillé, est couvert de chênes-verts, de pins d'Alep, et dans les zones plus sèches, les garrigues dégagent les parfums subtils du thym, du romarin, du chèvrefeuille d'Etrurie, (le plus odorant des chèvrefeuilles naturels,) du genévrier de Phénicie, du cade, du buis, de l'aphyllante de Montpellier, de l'iris nain et du pistachier lentisque.

Ce fragment de mandibule de l'Hipparion gracile, trouvé sur "la grande baleine bleue", atteste de l'importante et très ancienne occupation animale du Luberon.

Sur le versant Nord, plus froid et plus humide les chênes pubescents sont plus propices aux truffes (plateau des Claparèdes). On y trouve également des érables de Montpellier très rouges à l'automne, des alisiers blanc, des amélanchiers (utilisés autrefois pour la fabrication des balais) et, au sol, la primevère officinale ou "coucou", ainsi que l'hépatique trilobe, la sarriette et la lavande aspic (en-dessous de 500 mètres d'altitude).

Au sommet du Petit Luberon la forêt de cèdres de l'Atlas, implantée en 1860 ne cesse de s'étendre sur le plateau, occupant 250 hectares. Quelques espèces rares protégées méritent une attention particulière : sur les pentes boisées de hètres, le lis martagon jaune tacheté de rouge, l'ophrys de Bertolon, l'Ephédra major aux tiges filiformes sans feuille décoré à l'automne de baies rouge vif ; sur les arêtes ventées du Petit Luberon, la renoncule graminée (un bouton d'or aux feuilles simples) ; sur les rochers au sud, la petite fougère de Pétrarque (qui doit son nom au poète italien de Fontaine de Vaucluse) et des espèces rustiques comme la saponaire et le sédum. Dans les stations les plus sèches, on trouve des espèces en limite de leur zone d'extension : la cinéraire maritime aux fleurs jaunes et aux feuilles blanches veloutées, le pistachier lentisque qui sent la résine et près des zones cultivées l'argéras ou ajonc de Provence. Le Luberon abrite

L'ophrys de Bertolon, une orchidée rarissime du Luberon. L'aphyllante de Montpellier, très commune en touffes sérrées. La Joubarde, planté caractéristique de la haute montagne.

BP

BP

aussi des espèces alpines, le trèfle des Alpes, le raisin d'ours, la raiponce orbiculaire et sur les crêtes du Grand Luberon des espèces originales, la joubarbe des toits, le narcisse jaune, la tulipe australe et le génêt de Villars. Un sentier botanique situé près de la forêt de cèdres offre une découverte des spécimens les plus typiques.

La connaissance de la faune est plus délicate, mais captivante. Identifier et approcher les animaux revêt un goût d'aventure.

Parmi les mammifères, les sangliers, bien connus des chasseurs, symbolisent le caractère sauvage et boisé du Luberon. Les autres sont le lapin, le lièvre, le renard, le blaireau, le loir. On parle même de l'introduction de chevreuils et de cerfs ? De branche en branche, sautent des écureuils. Quant au castor fiber, le plus gros rongeur de l'hémisphère Nord, il mesure 1 mètre de long, pèse 20 à 30 kilos et construit des barrages sur la Durance ou le Calavon, au moyen de troncs d'arbres, de branches et de cailloux.

BP

Le hibou Grand-Duc.

Parmi les reptiles, on trouve le lézard ocelé, (le plus grand lézard d'Europe qui peut atteindre 90 cm,) le lézard vert, la très longue couleuvre de Montpellier (pouvant dépasser 2 mètres), la vipère aspic qui s'enfuit au moindre bruit et le petit lézard des sables.

Dans les vallons rocheux, vivent le scorpion jaune et la Saga-Pédo, sauterelle géante qui a la particularité de se nourrir de ses congénères. Le Luberon est aussi le royaume des papillons : plus de 2000 espèces ont été inventoriées sur le territoire, dont le Parnassus Apollo, une espèce particulière au Luberon.

Bien sûr, la cigale est omniprésente en été, saison que son chant symbolise en Provence.

Enfin Le Luberon est une volière riche de 130 espèces : chardonnerets, grives et pies dans les vergers et les cultures, fauvettes, perdreaux dans les garrigues et les chênes-verts, mésanges, pinsons, rouges-gorges et rossignols dans les bois.

Les grands rapaces protégés font leur nid dans les creux des rochers et des falaises, le hibou grand duc, l'aigle circaète Jean-le-blanc, le vautour blanc d'Egypte, dernier représentant des charognards de la région et l'aigle de Bonelli, de plus en plus rare dans le midi.

Le fragile équilibre de cette flore et de cette faune exceptionnelles constitue un des principaux centres d'intérêt du Parc Régional . Le Luberon se parcourt à pied par les sentiers, les gorges sauvages, les combes profondes, les forêts variées, les falaises abruptes et les crêtes habitées, à l'affût de toutes les curiosités, bêtes ou plantes, à guetter, découvrir, surprendre, observer, contempler, respecter.

L'Orpin, plante saxicole tenace dans les fentes des roches calcaires. Le Pistachier Lentisque et le Genêt-scorpion qui se différencie des autres ajoncs par les souvenirs cuisants que vous en garderez aux mollets.

J.-M.R.

17 LE MOURRE NEGRE
Auribeau, la chapelle Saint Pierre, les crêtes, le vallon de la Font Saint Martin

A 60 km à l'Est d'Avignon,
un circuit dans les combes boisées
du versant Nord du Grand Luberon
avec l'ascension de son sommet,
le Mourre Nègre, 1124 mètres.

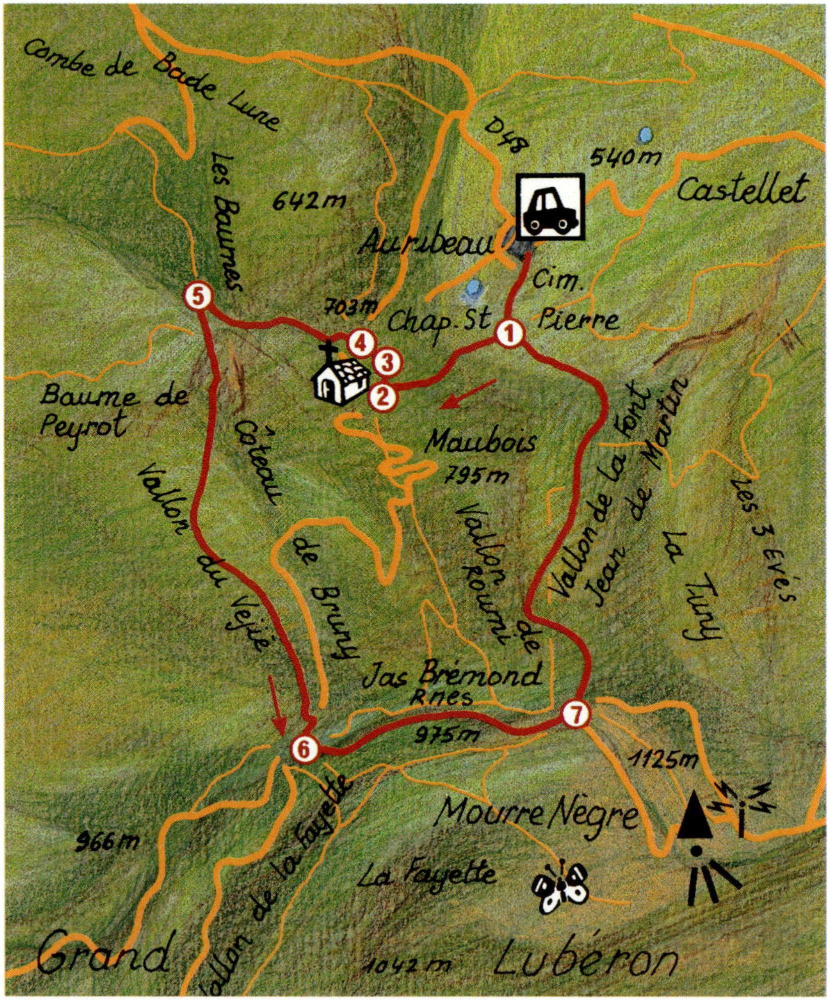

fiche technique

Longueur : 10 km
Dénivelé : 650 m
Durée : 3 h
Difficulté : pente un peu rapide à la descente
Période : demi-saison, hiver (sauf neige)
Equipement : randonnée légère
Point d'eau : non
Balisage : traits bleus, croix bleues
Carte Michelin : n° 81 pli 14
Carte IGN : 1/25000 n° 324 ouest
VTT : oui, à condition de prendre les grandes pistes.

itinéraire d'accès

D'Avignon, prenez la N 100 jusqu' à Apt. Quittez Apt par la D 48 qui monte vers Saignon et continuez vers le hameau d'Auribeau. Stationnez devant la première maison à droite.

description

Partez à droite puis tout de suite à gauche puis encore à droite. Longez le cimetière et marchez 500 m sur une piste goudronnée qui traverse des vergers. En bas, à l'intersection de 4 pistes, montez par le vieux chemin empierré de droite (1) qui longe des vergers de cerisiers, revêtus de blancheur à la floraison, tout dorés les premiers jours d'automne. C'est l'ancien chemin de la chapelle Saint Pierre. Arrivé à une large piste, en face d'un champ de lavande, prenez tout de suite à droite (2) le sentier qui se faufile dans la végétation jusqu' à la chapelle. Petit édifice roman, merveilleusement situé sur son replat au-dessus d'Auribeau, offrant une vue ample sur la vallée, elle est en cours de restauration grâce au concours de l'APARE. En face du portail de la chapelle (3), trouvez un sentier de descente

CB

Point de vue sur le village d'Auribeau.

Une précieuse pelouse

Sur les crêtes du Grand Luberon, le paturage ovin pratiqué depuis plusieurs siècles a favorisé le maintien d'une bande de pelouse sommitale entre les versants Nord et Sud boisés. Parre-feu naturel en cas d'incendie, elle est aussi une réserve biologique intéressante. Outre des espèces fourragères communes, sainfoin, trèfle champêtre, fétuque ovine, avoine des montagnes, elle abrite des espèces végétales rares, une cinquantaine, parmi lesquelles la renoncule à feuilles de graminée, le plantain argenté, l'aïl jaune, la tulipe australe... Sur les pelouses rocailleuses, on trouve le genêt de Villars et l'ibéris des rochers. 265 sortes d'insectes ont été recensés sur ces pelouses, des criquets et des papillons. Parmi les oiseaux, on y rencontre l'alouette des champs, l'ortolan, le merle noir, le rossignol et la fauvette et parmi les rapaces, le circaete Jean le Blanc ou le Vautour Percnoptère. Le Parc Naturel Régional du Luberon s'efforce de protéger toutes ces richesses.

qui traverse une grande piste de DFCI, et cherchez en face le sentier (4) tracé bleu qui descend légèrement vers l'ouest. Arrivé à l'ancien chemin muletier du vallon du Véjié, remontez-le à gauche (5) sous un couvert de chênes pubescents (croix bleues). Au niveau d'une citerne, il débouche sur la route des crêtes au col d'Auribeau, carrefour de pistes (6). Remontez le long de la piste de défense contre l'incendie à gauche et prenez, à droite un sentier qui s'élève jusqu' au sommet. Le Mourre Nègre, point culminant du Luberon, atteint 1124 mètres. Il est couronné par un relais hertzien des Télécommunications. Par temps clair, le panorama s'étend au Nord vers la montagne de Lure, le mont Ventoux et les plateaux de Vaucluse, au sud, vers la montagne Sainte Victoire, les Alpilles, l'étang de Berre et la méditerranée. Sur la crête, ayez la délicatesse de ne pas piétiner les pelouses fragiles composées d'une flore rare et protégée, empruntez les sentiers. Aux demi-saison, printemps ou automne, il n'est pas rare de rencontrer un troupeau de moutons. La cabane de berger est juste en contre-bas. Redescendez du sommet et prenez au nord (7), le sentier bleu qui descend un peu rapidement, au goût de certains, dans le vallon de la Font Jean de Martin. Le temps de s'émerveiller devant la symphonie des couleurs d'automne qui se déploient au fur et à mesure de la descente, dans les roux, fauves, rouges et jaunes des chênes, érables, sorbiers, cornouillers, on est déjà arrivé à une première maison puis à une autre, et de là aux vergers de cerisiers du départ. Il reste à regagner le hameau d'Auribeau, notre point de départ.

18 LE VALLON DE L'AIGUEBRUN
les Seguins, la corniche de Chantebelle, le vallon de l'Aiguebrun

A 54 km à l'Est d'Avignon, un circuit autour du vallon verdoyant de l'Aiguebrun, seul cours d'eau permanent du Luberon encaissé entre d'imposantes falaises, un lieu très recherché pour la beauté sauvage de ses paysages

fiche technique

Longueur : 8 km
Dénivelé : 160 m
Durée : 3 h
Difficulté : aucune
Période : toute l'année
Equipement : randonnée légère
Point d'eau : les Seguins, Sivergues
Balisage : traits bleus (parc), croix bleues (Morenas)
Carte : 81 pli 14
Cartes : IGN n° 3142 Est Apt, Bonnieux 3242 Ouest Apt, Grand Luberon

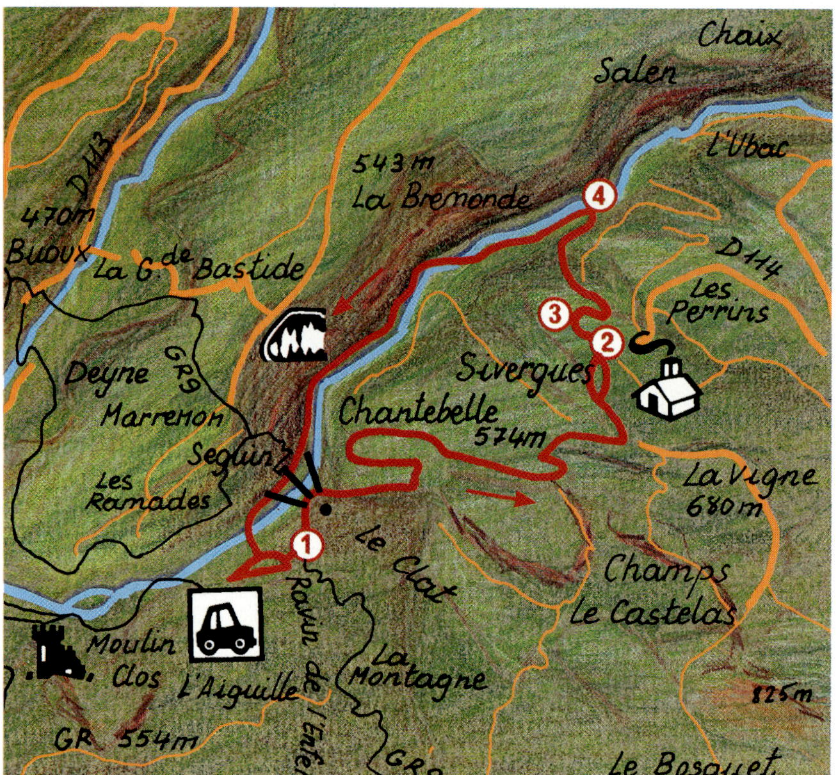

CB

Les Seguins.

itinéraire d'accès

D'Avignon, prenez la N 100 vers Apt. Après N. Dame de Lumières, prenez à droite la D 36 vers Bonnieux, traversez le village et continuez vers Lourmarin. A 3,5 km de Bonnieux, prenez à gauche la direction de Buoux sur 2 km, puis toujours à droite vers l'auberge des Seguins. Garez- vous après le Moulin clos, dans un des emplacements aménagés le long de la route, face aux rochers des grimpeurs.

description

En face de l'entrée de l'auberge des Seguins, un sentier jalonné de croix bleues et de traits bleu-clair s'élève sur la colline. Devenu piste empierrée carrossable, il vous conduit à un premier lacet (1) où il faut prendre à gauche la direction de Sivergues. Vous arrivez à un replat où se dresse un cylindre de pierre. De ce belvédère, la vue porte sur les imposantes falaises qui dominent le site verdoyant des

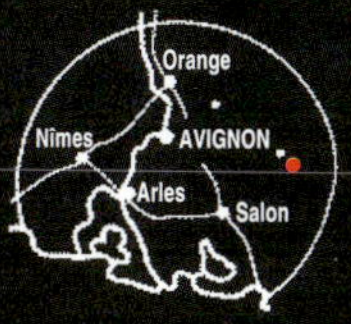

CB

Seguins. Vous remontez l'ancien chemin muletier caladé (pavé) et bordé de murettes moussues. Il mène à gauche à la ferme rupestre de Chantebelle. Des générations d'hommes se sont succédées au sommet de ce contrefort isolé, magnifique. Vous pourrez vous y ravitailler en fromages de chèvre tout frais. Le troupeau est d'ailleurs souvent installé nonchalamment sur le sentier. Ne pas déranger !
Vous vous dirigez vers le village. Sur votre gauche un rideau de peupliers vous protège l'été du soleil, tandis que cigales et papillons vous accompagnent dans votre marche. Sur l'autre versant, un réseau de murettes soutiennent le terrain, témoins des anciennes cultures. Vous apercevez Sivergues et vous en approchez. Une habitation troglodytique est installée dans le rocher de soutien d'une des premières maisons aux solides contreforts. Vous pouvez remonter une belle rampe et en admirer le dallage. Vous arrivez au Fort de l'Archidiacre datant du XIIIème siècle, qui a été aménagé en gîte d'étape. Pourquoi ne pas y faire une halte ? Aventurez-vous ensuite dans ce village du bout du monde et découvrez sa demi-arche de pierre, ses porches, ses maisons restaurées, l'ancien temple, la chapelle romane du XVIème siècle au clocher-mur et le puits couvert. Rendez-vous à la pancarte "Fin de la route", limite insolite à l'entrée du village (2). Le chemin du retour se trouve à votre droite lorsque vous regardez la pancarte. Vous empruntez cette ancienne voie de Sivergues à Apt qui reste pavée par endroits et très vite vous devez bifurquer à droite (3) pour descendre le chemin en lacets balisé bleu qui conduit à l'Aiguebrun. En bas, en suivant les croix bleues, (4) vous longez sur sa rive gauche la rivière qui serpente au

Sous la Baume de l'eau, une jolie vasque formée par l'Aiguebrun.
A l'ombre des rochers, les chèvres de la ferme rupestre de chantebelle, blanches, évidemment, à proximité de chez les Seguins.

CB

CB

Le village de Sivergue, au bout du monde.

pied d'imposantes falaises de molasse et traverse des prairies qui au printemps sont tapissées de primevères, narcisses et pervenches multicolores. L'Aiguebrun coule, simple filet d'eau, s'étale en bassins d'eau pure ou même s'infiltre sous terre, disparaissant pour réapparaître un peu plus loin. L' itinéraire des croix bleues invite à traverser la rivière à un endroit où elle est à sec, pour la suivre cette fois-ci en rive droite. (Un détour d'1/4 d'heure AR, hors circuit, permet en empruntant un sentier discret balisé bleu, de gravir la colline jusqu' à l'emplacement de la Baume de l'eau, grande vasque d'eau claire sous son abri rocheux). Vous reprenez votre marche le long du cours d'eau au pied des falaises stratifiées dont les abris sous roche et les grottes ont été utilisée par l'homme dès la Préhistoire. L'été vous pouvez goûter la fraîcheur des bords de l'eau, véritable oasis de verdure où pousse une végétation de peupliers, saules, tilleuls, érables bien adaptés à l'humidité du vallon. L'ancien chemin muletier pavé et rocheux vous ramène bientôt aux Seguins. A moins que vous préfériez éviter l'auberge en prenant juste avant, à gauche, un sentier qui passe par le petit pont de pierre.

Des habitats rupestres

L'Aiguebrun n'a pas toujours été ce maigre filet d'eau que nous connaissons aujourd'hui. Seule une rivière beaucoup plus large a pu, à l'origine, creuser dans le plateau calcaire, un canyon aussi long et profond.

l'homme préhistorique s'est installé dans ce vallon facile d'accès, occupant les nombreuses grottes naturelles et les abris sous roche des falaises qui longent la rivière. Il vivait de la pêche dans les eaux poissonneuses de l'Aiguebrun et de la chasse sur les plateaux des Claparèdes.

Parmi les grottes les plus connues, outre la Baume des Pigeons, celle de l'Eau et la Baume Jullian, la plus caractéristique est sans conteste la Baume des Peyrards ou Baume des silex, un vaste abri sous roche situé tout près des Seguins. Objet de fouilles archéologiques depuis le XIXème siècle, elle a pu révéler une trentaine de couches d'occupation humaine. Tout un matériel y a été découvert, silex datant de l'époque paléolithique, outils, pointes, racloirs, ossements de toutes sortes d'animaux et un fragment de crâne qu'on attribuerait à l'homme de Néanderthal...

Les recherches archéologiques se poursuivent pour trouver d'autres vestiges de l'occupation de ces abris rupestres par l'homme. Les dizaines de grottes répertoriées prouvent d'ores et déjà le rôle remarquable joué par le vallon de l'Aiguebrun au cours des différentes époques de la Préhistoire.

A l'assaut de la Forteresse
(balade suivante)

La première occupation de l'éperon où sera établi le Fort de Buoux daterait de l'époque celto-ligure. Les Romains s'y installèrent ensuite au second siècle avant Jésus-Christ. Puis le site fut fortifié dès le Haut-Moyen-Age : occupant une position stratégique remarquable au-dessus de la seule traversée facile du Lubéron, il joua un rôle exceptionnel dans la défense du pays. Au moment des guerres de religion, le Fort devint le refuge des Vaudois et à l'époque de la Révocation de l'Edit de Nantes, celui des familles protestantes, avant que Louis XIV, pour affaiblir les indépendances régionales n'en ordonne la destruction en 1660.

Le chemin d'accès à la forteresse est formé de blocs énormes datant de la Protohistoire dont certains auraient servi d'abris rupestres. Après avoir dessiné une boucle, le sentier se poursuit par un escalier taillé dans le rocher qui conduit à l'entrée du Fort. Le plateau s'allonge sur près de 500 mètres de long et 40 à 100 mètres de large. Il domine la vallée de l'Aiguebrun et le site des Seguins blotti au pied des falaises de Buoux bien connues des amateurs d'escalade. C'est un ensemble unique de l'architecture provençale du Moyen Age avec une tour de défense, un bastion à meurtrières, un second bastion vouté, les restes du village médiéval et de son église du XIIème siècle et d'étonnants silos qui auraient servi à emmagasiner les réserves de nourriture, (peut-être aussi à l'époque romaine). Trois lignes de remparts entourés de fossés et percés de meurtrières mènent à l'emplacement de l'ancien donjon construit à la pointe de l'éperon au-dessus d'un à-pic de 80 mètres.

Pour redescendre, il faut revenir en arrière et chercher à main gauche l'"escalier dérobé" aux 60 marches creusées à même le rocher, un escalier secret un peu vertigineux dont l'existence pose encore question aux historiens.

Un large regard sur les falaises. Les ruines du Fort et l'escalier de pierre menant au site. Sous le Fort de Buoux des cavités naturelles.

CB

ASB

ASB

19 LE FORT DE BUOUX ET LA MONTAGNE
le site fortifié, le vallon de Serre, l'Ourillon

A 54 km à l'Est d'Avignon, un circuit sur les collines qui dominent l'éperon de la Forteresse, une balade dans un Haut-lieu de l'histoire du Luberon.

fiche technique

Longueur : 9 km
Dénivelé : 480 m
Durée : 3 h (sans compter la visite du Fort)
Difficulté : aucune au cours de la balade ; à pics nécessitant un mimimum d'attention lors de la visite du Fort.
Période : toutes saisons (éviter l'été les heures de canicule).
Equipement : randonnée légère
Point d'eau : sans
Balisage : points jaunes, bleu-et-blanc, rouge et blanc (GR9)
Carte Michelin : n° 81 pli 14
Carte IGN : 1/25000 n° 3142 Est

itinéraire d'accès

D'Avignon, prenez la N 100 vers Apt. Après N. Dame de Lumières, empruntez la D 36 vers Bonnieux puis Lourmarin. 3 km500 environ après Bonnieux, prenez à gauche la direction de Buoux sur 2 km puis toujours à droite vers l'auberge des Seguins. Au Moulin clos, montez à droite vers le Fort où un parking a été aménagé.

description

Une grille en fer forgé ouvre le domaine du Fort. Vous la passez et empruntez une large piste empierrée bordée de feuillus. Elle mène à un impressionnant surplomb rocheux qui semble barrer la voie : c'est la Baume du Fort, un abri naturel sous roche de 35 m qui aurait servi de refuge à l'homme dès l'époque néolithique et à différents moments de l'histoire. Elle aurait même été fermée : des orifices sont visibles à l'emplacement d'anciennes poutrelles. A proximité, on a retrouvé au pied d'un éboulis de rochers des dizaines de tombes des Vème et VIème siècle creusées à même le sol. De la Baume, vous pouvez apercevoir en face une tour de défense de l'énorme éperon qui porte la fameuse citadelle.

La visite du Fort (ouvert toute l'année du lever au

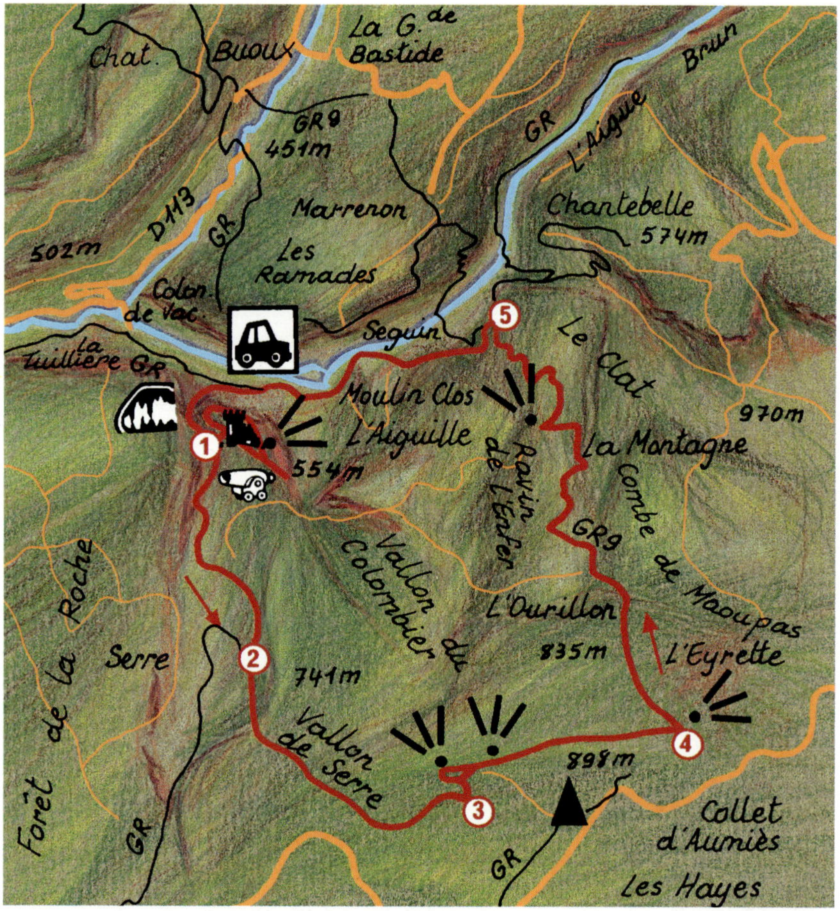

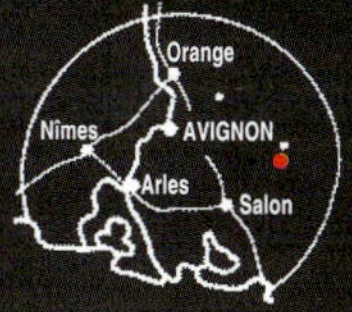

coucher du soleil) débute, pour ceux qui le souhaitent, à la maison du gardien située un peu plus loin à gauche au pied du chemin d'accès. Vous y trouverez toutes informations et documentation sur le parcours qui vous est proposé (droit d'entrée) : montée par des enceintes défensives jusqu' à l'ancien donjon et redescente par un escalier dérobé assez escarpé jusqu' à l'accueil.

La promenade dans les collines qui dominent le site emprunte la piste qui s'élève en face vers le vallon de Serre (à droite du chemin venant de la Baume) (1) Un balisage bleu-et-blanc et points jaunes peint sur les arbres vous guidera le long du parcours. Sur la droite vous longez d'imposantes falaises percées de grottes où des chèvres font souvent entendre le tintement de leurs clochettes. Vous montez régulièrement dans des taillis de chênes jusqu' à une boucle de la piste où vous devez continuer tout droit (2) en suivant toujours les balisages jaunes et bleus-et-blancs. Le chemin se dirige vers le sud puis s'infléchit vers le sud-est pour remonter le vallon de Serre. Dans une ligne droite, vous laissez les points jaunes se frayer une voie à droite dans les buis et poursuivez votre ascension sur le chemin balisé bleu-et-blanc qui dessine une épingle à cheveux au niveau d'une citerne (3). Tout de suite après vous pouvez couper une boucle du chemin. Vous trouvez bientôt sur un rocher à gauche l'indication de la direction du GR 9. Une vue imprenable s'offre alors sur le vallon du Fort de Buoux. Après une halte pour admirer, vous poursuivez tout droit votre balade à l'horizontale devant le panorama qui se renouvelle sur le vallon de l'Aiguebrun, les falaises de Buoux et les champs de lavande qui dessinent l'été des mosaïques de couleur mauve. Le chemin devenu sentier porte sur des rochers au sol des balises bleues très discrètes. Vous remontez un dernier taillis frais et humide qui débouche sur un mamelon herbeux où a été disposé un gros cairn (4). C'est le point de jonction avec le GR 9 qui redescend vers l'Aiguebrun. De cet endroit dégagé, la vue porte très loin, notamment à l'Est, sur les sommets du Grand Luberon, avec le relai de TV du Mourre Nègre. Les marques rouges et blanches du GR 9 sont visibles sur la crête quelques mètres plus bas à gauche. Vous les suivez sur le sentier escarpé et caillouteux qui descend en lacets dans les buis et les chênes. Il se dirige vers une falaise qu' il faut contourner par la gauche pour trouver en-dessous un large chemin bordé de murs en pierre sèche. Un peu plus bas il fait un détour pour éviter la ferme de la Montagne et longe à gauche le Ravin de l'Enfer. Puis il dessine plusieurs lacets, offrant des points de vue magnifiques sur le site des Seguins blotti au pied des falaises striées d'ocre. A la belle saison sauterelles et papillons se disputent la piste bordée d'orchidées. Un carrefour de pistes (5) vous invite à laisser à droite celle de Sivergues et redescendre à gauche vers le vallon de l'Aiguebrun, pour trouver en face des Seguins la petite route qui vous ramène au Moulin clos et au Fort.

CB

Les falaises de Buoux, les vestiges du Fort et, à l'horizon, le Ventoux enneigé.

LE CIRCUIT DES CEDRES

le village de Lacoste, la crête du Lubéron, le sentier botanique

A 44 km à l'Est d'Avignon, une grande boucle sur le versant nord du Petit Luberon depuis le pied du massif jusqu' à la magnifique forêt de cèdres.

fiche technique

Longueur : 12 km
Dénivelé : 420 m
Durée : 4 h 30
Difficulté : sans
Période : demi-saison, hiver
Equipement : petite randonnée
Point d'eau : Lacoste
Balisage : bleu clair (Parc)
Carte Michelin : n° 81 pli 13
Carte IGN : 1/25000 n° 3142 Est APT, Bonnieux

itinéraire d'accès

Prenez la N 100 en direction d'Apt. Juste après N. Dame de Lumières, prenez la D 106 à droite vers Lacoste. A l'entrée du village, restez sur la D 106 à gauche pour contourner Lacoste par le sud et filer tout droit vers le Luberon. A l'intersection avec la D 3, garez la voiture au parking aménagé.

description

La balade prend le départ au bout du parking (Panneau du Parc Régional du Luberon). Engagez-vous sur le chemin qui s'élève tout droit vers le massif, en suivant les balises bleu-clair du Parc qui vous guideront tout au long du parcours. Une 1ère fourche (1) vous invite à laisser un sentier à gauche et progresser à droite sous un couvert de chênes pubescents et de pins. En vous retournant, vous apercevez au Nord les pans de mur du Château perché de Lacoste. Vous poursuivez votre ascension, rythmée par le chant du coucou (un souvenir de mai), et traversez des tapis de fleurs multicolores. Sur votre droite, une construction basse rappelle qu' ici se trouvait une ancienne charbonnière. La pente devient plus faible. Les premiers cèdres apparaissent après la traversée d'un plateau. Vous pénétrez dans une belle allée plantée de ces arbres majestueux, ombre rafraîchissante en été. Elle mène à la route des crêtes (2) réservée aux promeneurs, que vous remontez à gauche sur 200 m jusqu' à l'aire d'accueil de la forêt des cèdres. Un panneau d'information propose plusieurs itinéraires de découvertes, dont celui balisé en jaune du sentier

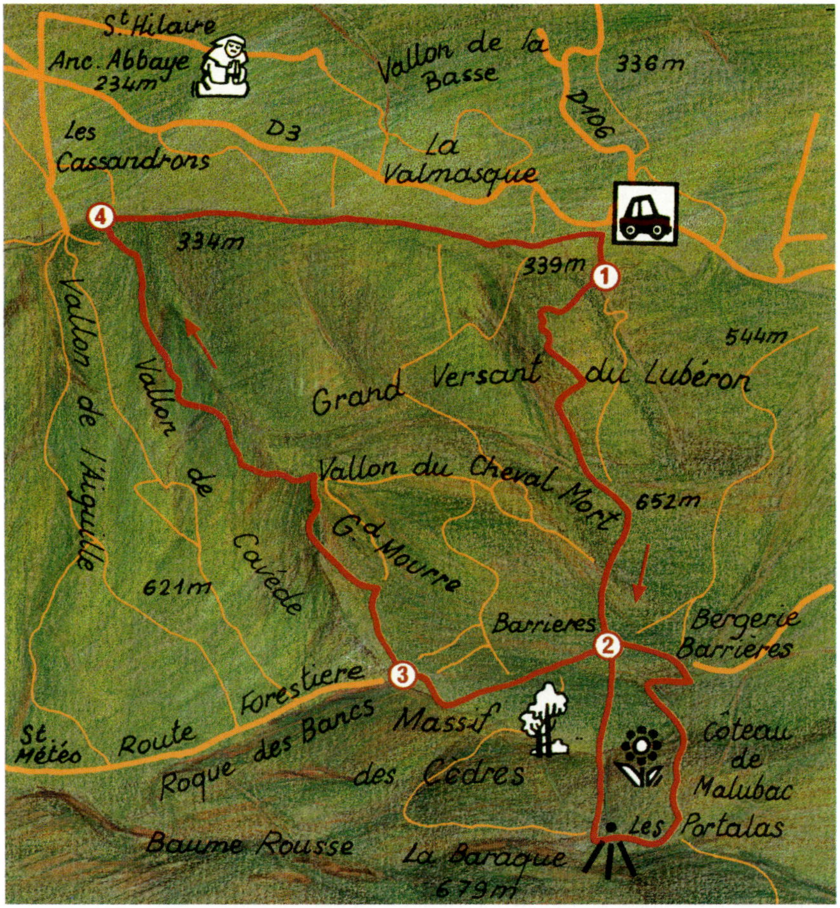

Un Forestier audacieux

Il y a un peu plus d'un siècle, en 1860, un ingénieur forestier eut l'idée fructueuse de rapporter de l'Atlas algérien des graines de cèdre pour les acclimater à la région, tentative qui fut couronnée de succès. Les cèdres prospérèrent et se régénérèrent au point de coloniser le sommet du Petit Lubéron et de former une forêt de 250 ha. La présence du Cèdre, au couvert épais, a modifié les conditions de vie des autre espèces végétales et animales. On trouve maintenant toutes sortes de champignons et des oiseaux comme le rouge-gorge, la mésange, les palombes.

Le Château du Marquis

Pans de mur qui se découpent sur le bleu du ciel, les ruines du château de Lacoste sont visibles à des lieux à la ronde. Elles gardent le souvenir d'un écrivain libertin célèbre, le Marquis de Sade, qui en fut le Seigneur pendant 30 ans. Ses démêlés avec la justice pour cause d'inconduite entraînèrent son internement à la Bastille. Il mourut à Charenton en 1814.

En 1778 le château comptait encore 42 pièces, une chapelle, un pont-levis. Son propriétaire actuel a entrepris avec une patience méthodique de lui redonner vie en le restaurant pierre par pierre.

ASB ASB J.-M.R. ASB

Le château du Marquis de Sade, la forêt de cèdres et deux cônes. Le campanile de l'église de Lacoste.

botanique. Son parcours dans les combes boisées rocheuses du versant sud est jalonné de points d'information sur les espèces végétales typiques du Luberon. Il offre en plus des points de vue magnifiques sur un paysage sauvage, notamment à son extrémité, au lieu-dit les Portalas, véritable belvédère sur la vallée de la Durance, la Sainte Victoire, l'étang de Berre ... Le retour du sentier de découverte se fait sous le couvert d'une magnifique allée de cèdres, dans un concert d'oiseaux. Parvenu à la route des crêtes, vous l'empruntez à gauche sur 1 km et, après un tournant, descendez à droite (3) la piste de Ménerbes (pancarte, balisage bleu et jaune). Le sentier caillouteux souvent abrupt dégringole dans les chênes verts entre le vallon de Cavède à gauche et celui de cheval mort à droite. Vous arrivez en bas en face du mas des Cassandrons où vous rencontrez à droite (4) une piste cavalière (flèchage bleu-clair). En la prenant à droite, vous observez au loin sur la gauche l'ancienne abbaye Saint Hilaire et le long du chemin de très beaux mas dispersés dans les vignes et les vergers de cerisiers. Il n'est pas rare qu' un lézard vert ou autre reptile vous fasse la surprise, l'été, de se dorer au soleil au milieu de la piste qui vous ramène au point de départ.

21 LE VALLON DE COMBRES ET LES Htes PLAINES

Oppède-le-Vieux, le vallon de Combrès, le promontoire des Htes Plaines

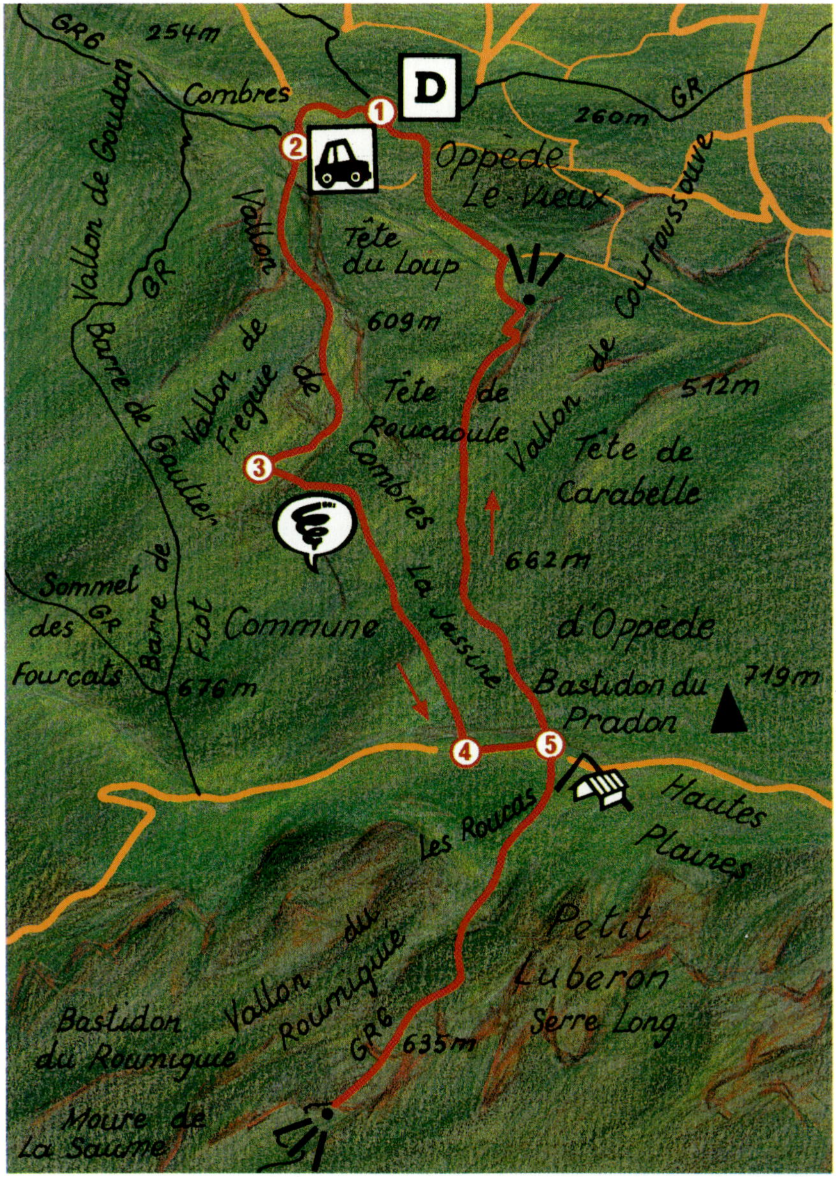

A 40 km à l'Est d'Avignon, la découverte de la combe sauvage de Combrès, une promenade au sommet du Petit luberon jusqu' à un point de vue sur le versant sud et la redescente sur le village médiéval d'Oppède-le-Vieux. Un circuit varié offrant des aspects typiques du Petit Luberon.

fiche technique

Longueur : 13 km
Dénivelé : 450 m
Durée : 4 h
Difficulté : un passage en corniche délicat si la roche est mouillée
Période : demi-saison, hiver, temps sec
Equipement : bonnes chaussures
Point d'eau : Oppède
Balisage : traits et points jaunes, rouge et blanc (GR6)
Carte Michelin : n° 81 pli 13
Carte IGN 1 : 25 000 n° 3143 Ouest

itinéraire d'accès

D'Avignon, prenez la N 100 en direction d'Apt. A la sortie de Coustellet, tournez à droite vers Oppède-le-Vieux (D 178), où un stationnement est prévu au coeur du village sous les maisons du rempart.

description

Le GR vous attend à 50 mètres de la place, sur la petite route de Maubec empruntée à gauche. Vous

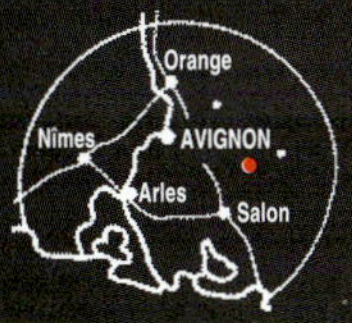

trouvez son balisage rouge et blanc sur un arbre en haut d'un escalier (1). Vous le descendez et marchez sur un sentier empierré bordé d'un mur. Après avoir longé un mas entouré de vignes, suivez le chemin qui oblique à gauche. Une fourche (2) vous invite bientôt à laisser le GR s'éloigner à droite vers le mas de Combrès et à poursuivre sur la piste de gauche balisée de jaune (et d'une flèche bleue claire). Elle file plein sud vers l'échancrure du vallon de Combrès où quelques beaux cèdres ouvrent la combe rocheuse. Le sentier s'enfonce dans un taillis puis se glisse entre les falaises qui se ressèrent, formant défilé. Une grotte est visible à quelques mètres du sentier sur la droite (les marques jaunes y conduisent) et un bel abri sous roche apparaît à proximité. Les parois des falaises sont d'ailleurs truffées de baumes. Le sentier rocheux remonte le fond du ravin. Vous le suivez en vous élevant sur les blocs de pierres. Puis le défilé s'élargit : vous sortez de l'échancrure et progressez en rive droite à flanc de coteau. Au sommet de la colline en face, une roche percée ouvre une fenêtre sur le ciel. Vous arrivez dans un immense cirque aux falaises abruptes habillées de quelques beaux cèdres. Vous le traversez en suivant toujours les marques jaunes et abordez un nouveau défilé moins étroit. A son extrémité le vallon se bouche, fermé par une barre rocheuse. Le sentier oblique à droite pour la contourner et monte dans les cailloux. (Dans le tournant en haut du pierrier, un raidillon hors circuit balisé en jaune mène à une vaste grotte qui a servi de bergerie). Il s'oriente ensuite à gauche (3), passe à côté d'un tapis de fougères et chemine en balcon au-

CB

CB

Baumes et Roches percées surplombent le vallon de Combrès. Les falaises semblent vouloir résister aux attaques de l'eau et du temps tirant ici à la roquette. Panorama sur la Provence de Carpentras et sur le Ventoux enneigé depuis la crête qui domine le vallon de la Jassine.

Les maisons du rempart d'Oppède et la chapelle des Pénitents Blancs.

dessus du cirque sur une corniche étroite et assez aérienne. Ce passage délicat exige un peu d'attention. A son extrémité, vous traversez le ravin pour remonter sur l'autre rive. Une voie rocheuse assez raide vous permet de vous hisser jusqu' à la crête qui domine le vallon de la Jassine. La vue s'étend, superbe, sur les hautes parois, la vallée du Calavon, les Monts de Vaucluse et le Ventoux. Le sentier s'oriente vers le Sud et chemine en crête à travers des garrigues de thyms et de buis parsemées de jeunes cèdres. Il atteint la route forestière de la forêt de cèdres (4). En l'empruntant à gauche sur 300 m, vous rencontrez le GR 6 qui monte du vallon à gauche (Ce sera notre chemin de retour après une promenade sur le versant sud) (5). De l'autre côté de la route, des pancartes en bois renseignent sur les différentes directions. Allez vers le Bastidon du Pradon, abri de l'ONF installé sous les cèdres, puis suivez le GR vers le promontoire des Hautes Plaines qui se prolonge au-dessus des vallons de Roumiguié à droite et de l'Aigado à gauche. De cet éperon, le coup d'oeil est unique sur les falaises, la plaine de la Durance, la Sainte Victoire, les Alpilles et à l'horizon, la Méditerranée. La plus grande prudence est recommandée au bord des à-pics, surtout par temps de mistral. Admirez le site, sans toutefois aller jusqu' au bout du sentier qui à l'extrémité du promontoire s'enfonce dans une brèche.

Revenez par le même chemin jusqu' à la route que vous traversez. En face vous retrouvez le sentier pierreux du GR 6 qui descend dans la garrigue. Il remonte sur une croupe puis s'enfonce dans un massif de cèdres. A l'orée du bois, belles vues sur le village de Ménerbes, les Monts de Vaucluse et le Ventoux. Le sentier rejoint un peu plus bas un taillis de chênes verts. Bientôt l'éperon rocheux du vieux village d'Oppède apparaît couronné des pans de mur de son Château et de son église. Vous vous en approchez à travers un bois de pins. Le chemin caillouteux et raviné par les pluies s'élargit. Il rejoint une piste plus large qui mène au village. En suivant toujours le tracé du GR, vous entrez dans Oppède par un sentier empierré à gauche qui passe sous un rocher arqué puis sous une porte fortifiée. Remontez dans le centre par le chemin de la Fontaine et laissez votre curiosité vous guider dans la découverte de ce village qui peu à peu restaure ses ruines.

Un village en nid d'aigle

Perché sur ses rochers escarpés au milieu d'un décor sauvage, Oppède-le-Vieux est un village chargé d'histoire. Son château, dont il reste quelques vestiges, fut la plus grande Forteresse du Comtat Venaissin après le Palais des Papes. Edifié par le comte de Toulouse, au XIIème siècle, il fut en effet cédé au Pape en 1209, avant d'être confié aux Seigneurs des baux. Il devint ensuite la propriété de la famille de Maynier, tristement célèbre pour avoir fait massacrer les Vaudois. Démantelé à la révolution, il fut presque abandonné au début du siècle par ses habitants qui s'installèrent vers la plaine, aux Poulivets.

Oppède-le-Vieux renaît depuis qu' un groupe d'artistes, avec à sa tête Consuelo de Saint Exupéry, l'épouse du célèbre écrivain, s'y est installé pendant la dernière guerre. Le "groupe d'Oppède" entreprit la restauration des maisons moyenageuses et Renaissance et attira les amoureux de solitude et de vieilles pierres.

La visite du village réserve bien des surprises : on passe sous la porte fortifiée du beffroi et on remonte les ruelles caladées au milieu d'un désordre harmonieux de ruines, de voûtes en pierre, de pans de murs envahis par la végétation. En haut se trouve l'Eglise romane Notre Dame aux solides contreforts et au clocher polygonal. Au sommet de l'éperon se dressent les ruines du Château éventré construit en à-pic sur trois côtés. En s'y hasardant prudemment, car le lieu est assez aérien, on y découvre des vestiges de toutes sortes, murs, arcades, échauguettes, tours...

CB

Des baumes pour les rapaces

Les grands rapaces encore présents dans le Lubéron aiment se réfugier dans les cavités des hautes falaises, comme celles des rochers de Baude. On peut les apercevoir en vol, au cours de promenades. Parmi les plus courants, on trouve le faucon ou l'épervier. Parmi les plus recherchés, le Circaète Jean le Blanc, bel aigle migrateur aux yeux jaunes et acérés qui se nourrit de reptiles, le Vautour d'Egypte ou Vautour Percnoptère au bec jaune, oiseau sacré des Pharaons, l'Aigle de Bonelli, rapace le plus caractéristique du midi de la France, hélas en voie de disparition. Le Hibou Grand Duc, Seigneur de la nuit, bel oiseau farouche au plumage roux et aux yeux orangés, et le Hibou Petit Duc plus familier appartiennent à la famille des Rapaces Nocturnes.

Tous ces oiseaux répertoriés par le Parc du Lubéron font l'objet de mesures spéciales de protection. (Se renseigner auprès de la maison du Parc à Apt).

De haut en bas : le circaete Jean-le-Blanc (Circaetus gallicus), le hibou petit duc (Otus scops), le milan royal (Milvus milvus) et l'aigle de Bonelli (Hieraetus fasciatus). Voir aussi le percnoptère d'Egypte, pages 35 et 78 et le hibou grand duc page 63.

S.M.

S.M.

P.N.R.L.

22 LES ROCHERS DE BAUDE
la source de Boulon, les rochers de Baude, les gorges de Badarel

A 30 km à l'Est d'Avignon, une balade à l'extrémité Ouest du Petit Lubéron, en corniche à travers les escarpements des falaises de Baude et en descente dans le goulet étroit des gorges de Badarel.

fiche technique

Longueur : 7 km
Dénivelé : 250 m
Durée : 3 h
Difficulté : quelques pentes rapides dans les éboulis
Période : demi-saison, hiver, temps sec
Equipement : bonnes chaussures (caillasse)
Points d'eau : source épisodique de Boulon
Balisage : bleu
Carte Michelin : n° 81 pli 13
Carte IGN : 1/25000n° 3142 Ouest

PNRL

itinéraire d'accès

Sortez d'Avignon par la N7, puis la D 22 vers Apt. Quelques kms après l'échangeur qui relie l'Isle sur Sorgue à Cavaillon, prenez à droite la D 31 vers Robion. Dans le village, montez au théâtre de verdure, et prenez l'étroit chemin goudronné de Boulon jusqu'au large cirque aménagé autour de la source, où il est possible de laisser la voiture.

description

La balade commence à la source de Boulon, une résurgence qui coule après les pluies. Elle se trouve à gauche au fond du cirque. Un chemin s'élève sur sa gauche dans une pinède face à la falaise. A une cinquantaine de mètres, un gros pin invite à suivre à droite un sentier assez escarpé balisé de traits bleus (1). Après un départ assez raide, il va surplomber le cirque de Boulon et en faire le tour en restant à peu près au même niveau. Il se faufile de corniches en balcons sur les parois des falaises impressionnantes, les rochers de Baude, dominant la plaine entre Robion et les Taillades. De nombreuses baumes servent de nichoirs pour les oiseaux et les rapaces. Vous aurez peut-être la chance de surprendre leur vol. La corniche s'interrompt,

Petit
Luberon

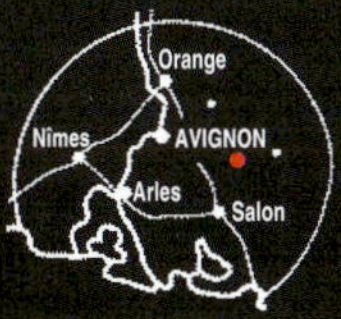

pour reprendre de l'autre coté du cirque. En suivant toujours le balisage bleu qui contourne le massif, vous passez au collet de la Roche Percée puis vous longez des rochers encore escarpés avant de parvenir à une zone de taillis de buis et de chênes-verts. Le paysage change et le sentier s'infléchit. Vous sortez du taillis pour trouver à terre un rocher plat qui indique en peinture bleue 3 directions (2). Vous prenez celle du sommet à gauche, et suivez toujours le sentier bleu qui grimpe en décrivant des lacets. A la brèche du Castellas, le passage est étroit entre les rochers (3). Au-dessus d'eux se dresse le promontoire du Castellas, ancien Oppidum. Franchissez la brèche et descendez à gauche en faisant le tour du cirque. Les gorges de Badarel apparaissent à droite dans l'étroite échancrure entre d'énormes falaises austères. Il faut descendre et s'y engager. La progression dans le canyon est raide mais sans danger. C'est un bon amusement de se laisser glisser dans le goulet exigu où il est parfois nécessaire de mettre les mains. A la sortie de l'étroit couloir rocheux, un chemin de terre descend dans un sous- bois de chênes-verts, de fougères, de chênes blancs et de buis, promenade reposante dans la verdure, après le passage dans les gorges minérales. Vous arrivez dans la vallée. Une borne d'incendie (4) placée au début d'un bon sentier équestre à droite vous indique la voie. Suivez attentivement les nombreuses balises bleues qui vous ramèneront à la source de Boulon. Vous marchez tantôt en sous-bois, tantôt au milieu des vergers. Ce parcours au pied des principaux massifs vous permet d'observer le trajet effectué dans les falaises. Vous retrouvez le cirque de Boulon, votre point de départ.

CB

CB

Vire dans la falaise et roche percée. Abri sous roche sur la vire.
Le fond des gorges de Badarel.

23 LA COMBE DE VIDAUQUE

l'extrémité Ouest du Petit Luberon

A 30 Km à l'Est d'Avignon, un circuit qui remonte la combe rocheuse de l'extrémité ouest du Petit Luberon et redescend par la petite route des crêtes, offrant des vues aériennes sur la plaine de la Durance et l'horizon lointain. Un émerveillement !

fiche technique

Longueur : 16 km
Durée : 5 h
Dénivelé : 550 m
Difficulté : aucune ; longueur
Période : demi-saison
Equipement : randonnée légère
Balisage : jaune
Carte Michelin : n° 81 pli 13
Carte IGN : 1/25000 n° 3142 Ouest

itinéraire d'accès

Quittez Avignon par la N7. Au niveau de Caumont, prenez la D 973 vers Cavaillon. Traversez la ville en suivant la direction Cheval Blanc, Pertuis et Cadenet. Quittez-la très vite pour prendre à gauche la D 234 en direction de Vidauque. Traversez le canal et garez-vous sur la droite à un emplacement prévu à cet effet, juste après la jonction avec la route des crêtes du Petit Luberon.

description

Votre itinéraire emprunte à partir de l'aire de stationnement un large chemin empierré balisé en jaune. A 500 mètres vous entrez dans la Forêt domaniale du Luberon interdite à la circulation (barrière en bois et barrière métallique verte). La promenade se déroule dans un sous-bois de chênes verts, érables de Montpellier et cèdres. Après un bon km, le passage devient plus étroit entre les hautes falaises. A proximité d'un beau cèdre, la combe de Vidauque est rejointe sur sa gauche par la combe de Taverne (1) (panneau indicatif). Vous poursuivez tout droit votre marche dans le vallon. Les gorges étroites alternent avec des cirques rocheux dominés par des rochers troués. L'un des plus spectaculaires est appelé le

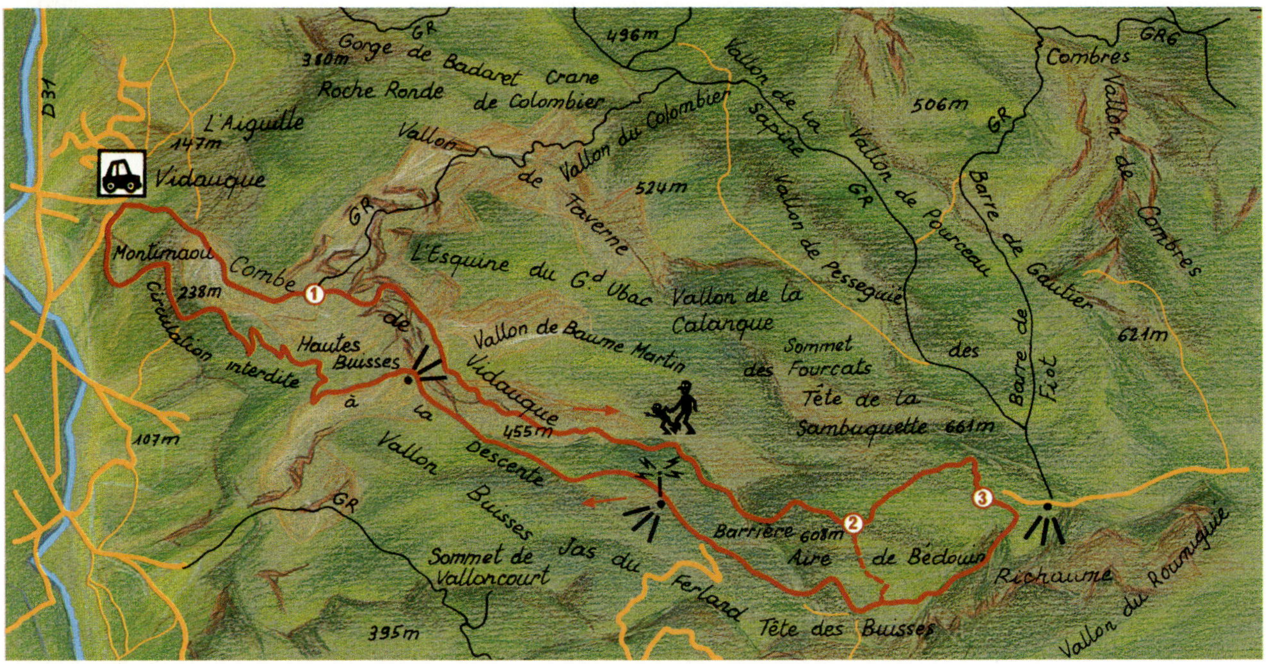

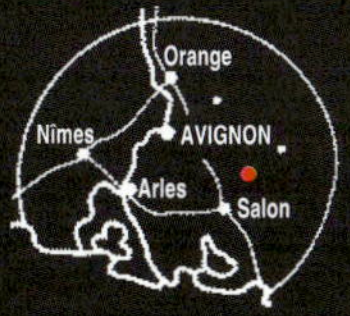

Une cucurbitacée devenue célèbre

"... si la ville et les autorités de Cavaillon estiment mes livres, j' aime fort leurs melons et je désire qu' en échange de mes trois cents ou quatre cents volumes, il me soit constitué par arrêté municipal une rente viagère de douze melons par an". Voilà comment Alexandre Dumas en 1860 a négocié le don de ses livres à la bibliothèque de Cavaillon. Il n'avait probablement pas imaginé lancer la promotion de cette cucurbitacée. Ainsi commença pourtant la renommée du melon de Cavaillon.

portail du Drac. Vous progressez au milieu d'une végétation touffue mais sur un chemin bien dégagé. Au niveau d'un bouquet de cèdres, une croix jaune indique un changement de direction (2). Suivez le fléchage jaune qui remonte à gauche une culture à gibier jusqu' à un sentier qui s'élargit. Vous progressez dans les sillons pour rejoindre un raidillon caillouteux. Une dernière grimpette vous hisse en haut de la combe, en limite de forêt domaniale, au sommet de la route des cèdres (3). Vous découvrez alentour le paysage de la crête du Petit Luberon, sa végétation clairsemée, sa pelouse rase parsemée de valérianes ou de potentilles et ses papillons. Il est fréquent d'y rencontrer à la mi-saison un berger avec son troupeau de moutons. Vous allez redescendre à droite par la petite route des crêtes, itinéraire récompense après l'effort de la montée et régal pour les yeux tout au long du parcours. A l'extrémité du plateau la pente s'abaisse rapidement vers la plaine de Cavaillon. La route suit les contours des collines, renouvelant à chaque tournant le panorama : en bas la Durance étale un lit de cailloux et les serres des maraîchers brillent au soleil entre les champs et les vergers qui dessinent des mosaïques de couleurs. Au loin, par beau temps, on aperçoit les Alpilles, l'étang de Berre, la Méditerranée. En vous approchant du rebord de la falaise à droite, au lieu-dit les Hautes Buisses, vous pouvez découvrir l'impressionnant chaos de falaises blanches qui émergent de la végétation : c'est l'enfilade de la combe rocheuse de Vidauque que vous venez de remonter. Quelques derniers lacets, difficiles à couper, permettent ensuite de regagner le point de départ.

CB

ASB

L'enfilade de la combe de Vidauque. A proximité de Cavaillon, pouvions-nous oublier les couleurs des marchés de Provence ?

24 LES GORGES DU REGALON
le canyon, le vallon de la Galère, le Croupatas

A 35 km au sud-est d'Avignon, la balade incontournable du Petit Lubéron : remontée du célèbre défilé rocheux aux paysages rupestres et circuit dans les garrigues du versant Sud.

fiche technique

Longueur :10 km
Dénivelé : 250 m
Durée : 3 h
Difficultés : zones glissantes sur rochers humides, eau dans le canyon
Période : temps sec, éviter orages, périodes de crues, saison pluvieuse
Equipement : randonnée légère
Point d'eau : près du parking des gorges.
Balisage : rouge et blanc (GR), vert, bleu
Carte Michelin : n° 81 pli 13
Carte IGN : n° 3142 Ouest Cavaillon
Remarque : par temps de pluie ou d'orage, les risques d'eau dans le fond des gorges peuvent les rendre impraticables. Un itinéraire bis est alors possible.

ASB

itinéraire d'accès

Quittez Avignon par la N 7 et au niveau de Caumont, prenez la D 973 vers Cavaillon que vous traversez et continuez en direction de Pertuis. Après l' indication du hameau de la Roquette, prenez à gauche la piste goudronnée qui indique les "gorges du Régalon" et garez- vous au parking aménagé.

description

Au fond du parking, remontez le sentier balisé qui se faufile vers les gorges à travers des vergers d'oliviers. Le défilé rocheux apparaît, "un des plus étroits de rochers qui puissent exister", disent les géologues. Vous vous engagez dans le lit du torrent. La roche blanche calcaire est émaillée de gris et de rouille et ses anfractuosités sont envahies par une végétation méditerranéenne qui s'agrippe aux parois, pins d'Alep, chênes verts et kermès, genévriers de Phoenicie, pistachiers térébinthes. Les gorges sombres et humides impressionnent par leur étroitesse. Vous vous glissez entre les parois parfois très rapprochées, passez sous un énorme bloc coincé entre deux rochers, puis escaladez les pierres en vous aidant parfois des mains. Quelques abris sous roche et grottes jalonnent le parcours, rappelant qu' ici l'homme a trouvé refuge depuis les temps les plus anciens. La baume de Luce, une des deux grottes jumelles au coeur de la réserve, avec son sable jaune et ses fossiles marins, est une véritable oasis de fraîcheur. Tout près, un défilé très étroit (50 cm) entre des parois rocheuses hautes de

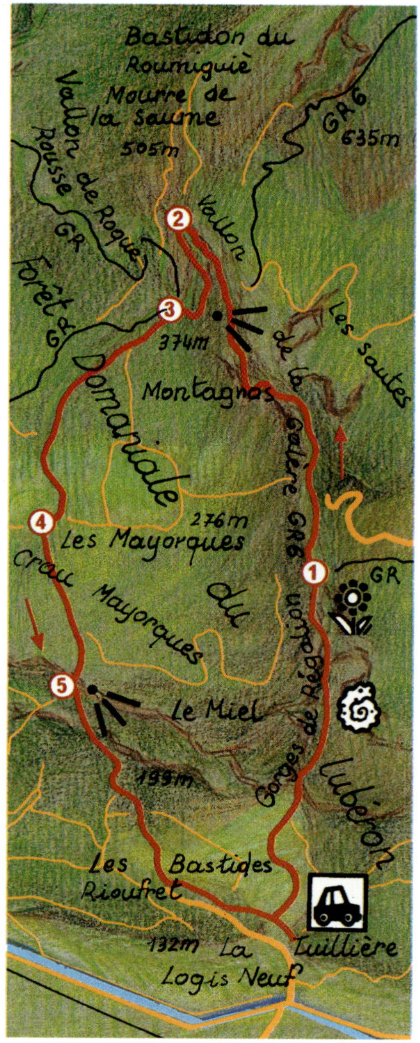

30 mètres où s'accrochent des lierres énormes, laisse apparaître un petit morceau de ciel bleu : on ne peut le passer que de profil. La sortie des gorges se fait sous une voute ombragée et ininterrompue

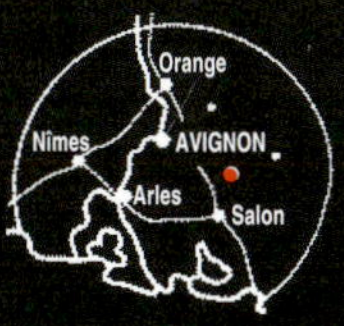

Le bâton du diable

Une découverte dans les herbes sèches de nos campagnes méditerranéennes fait parfois tomber à l'arrêt petits et grands baladeurs, surtout en fin de journée : une brindille n'oscille pas comme ses voisines dans le sens du vent et se déplace lentement d'une feuille à l'autre. L'animal est d'une telle apparence irréelle qu'il ne peut être considéré comme l'œuvre du Créateur, aussi l'a t-on attribué à une facétie du Diable. Bien que cousin de l'impitoyable et carnassière Mante religieuse, ainsi nommée pour ses fausses attitudes de nonne en prière, notre brindille vivante est un phasme (Bacillus rossius) totalement inoffensif puisque se nourrissant exclusivement de feuilles. Vous pouvez aisément le manipuler et vous constaterez son embarras d'être découvert à sa façon, comme sur la photo de droite, de se cacher les yeux entre les pattes de devant qu'il tend dans le prolongement du corps. Le mimétisme étant sa seule défensive contre ses prédateurs habituels ; lézards, crapauds, et oiseaux. En s'allongeant de la sorte, cherche t-il à paraître plus végétal encore ? **J.-M.R.**

de buis géants, érables de Montpellier, micocouliers, sureaux,sambucs aux dimensions étonnantes. Le GR 6 (rouge et blanc) (1) arrive de la droite. Vous faites un bout de chemin avec lui à gauche en traversant un sous-bois très frais et progressez entre les hautes falaises rocheuses du vallon de la Galère, couronnées de quelques pins balayés par le vent. Vous Laissez le GR 6 filer à droite vers les

ASB

ASB

J.-M.R.

Une belle oliveraie marque l'entrée des gorges du Régalon. Une grotte préhistorique au milieu du canyon. Les phasmes, ou batons du Diable, peuvent se manipuler sans crainte.

ASB

Cerisiers en fleurs

crêtes et continuez la large piste qui, au-delà du vallon du Roumiguié, amorce un tournant en épingle à cheveux et se dirige brusquement vers le sud (2). Vous grimpez maintenant dans un paysage sauvage et dénudé qui offre une vue ample sur les crêtes et les massifs rocheux. Au printemps, les arbustes en fleurs et les champs d'iris bleus colorent ce paysage aride. Au niveau d'une citerne, une pancarte (3) donne la direction du plateau des Mayorques vers lequel une piste descend à travers la garrigue. Là, de belles prairies et des vergers d'amandiers entourent une vieille bâtisse un peu délabrée. C'est la ferme de Roger, le berger, que vous pouvez y rencontrer à la mi-saison avec ses moutons. Le lieu est idéal pour bavarder avec lui et faire une halte. Vous passez ensuite devant la façade du bâtiment, et en lui tournant le dos (4) vous vous dirigez à angle droit vers l'extrémité de la prairie (au sud) où vous trouvez à 100 m environ un gros cairn. Le sentier monte légèrement sur une croupe d'où la vue en vous retournant, est très belle sur la ferme blottie au pied du massif. Vous laissez un chemin venant de la gauche, et suivez toujours le sentier balisé de cairns. Il amorce une légère descente dans les chênes kermès. Au bout du plateau, belle vue impressionnante sur la vallée de la Durance. Vous descendez à droite un verrou rocheux assez escarpé. Un peu plus bas, le sentier se divise en deux. Vous prenez la branche de gauche (5) et continuez à descendre en suivant des traces vertes. Evitez les sentiers qui partent sur la droite et prenez toujours à gauche en gardant un cap Sud-Est. Vous parviendrez bientôt aux Bastides, puis à une zone d'habitations. Une large piste vous ramène à l'aire de stationnement, où vous pourrez consulter les panneaux d'information mis à la disposition des promeneurs.

La réserve naturelle du Régalon

Les grottes et abris sous roche des basses gorges du Régalon auraient servi de refuge à l'homme préhistorique. On y aurait retrouvé quelques outils du Paléolithique (moyen et supérieur), des vestiges de poterie et des bijoux du Néolithique et de l'âge du bronze. Les conditions climatiques de ce lieu très bien alimenté en eau grâce à une résurgence, y ont favorisé le développement de la vie sous toutes ses formes. Une végétation luxuriante naturelle de micocouliers, érables de Montpellier, merisiers, figuiers sauvages, lierres géants, s'y développe, appréciée d'une faune riche. On y trouve des oiseaux comme la Fauvette ou le Merle Bleu et plusieurs espèces de reptiles. La richesse et l'exubérance de la végétation alliées à l'intérêt archéologique et paléontologique du site ont permis de classer le canyon en "Réserve Naturelle Biologique" et "Réserve Naturelle Géologique". Zone protégée et fragile, elle est soumise à une réglementation qui interdit par exemple d'y récolter fossiles, minéraux, animaux ou végétaux.

Les Alpilles au cœur de la Provence

Entre Avignon et Arles, une chaîne de petites montagnes, soulevée autrefois par la pression des Alpes et des Pyrénées, s'étire sur 30 km de long et 6 de large, culminant à la Tour Sarrazine des "Aupiho", dits Opies, à 493 m. Elles découpent harmonieusement leurs roches grandioses sur le bleu du ciel, au-dessus d'une mosaïque de vergers d'oliviers, d'amandiers, et de vignes, bordés de cyprés.

La terre généreuse est nourrie par le limon des deux fleuves, le Rhône et la Durance. Paysages aux lignes pures et aux couleurs vives. Lumière transparente qui rappelle la Grèce. Site dont la beauté a inspiré artistes, poètes, écrivains, peintres : Daudet, Van Gogh, Mistral Aubanel et les Félibres, Charloun Rieu, Marie Mauron et bien d'autres, amoureux de son ciel , de sa lumière et de ses rochers nus.

L'histoire ramène son occupation par l'homme à des temps très anciens. En témoignent les grottes troglodytiques de Calès, l'Oppidum des Bringasses et le fameux site romain de Glanum.

Au centre du massif, dans les rochers déchiquetés, la cité prestigieuse des Baux, nid d'aigle de ses célèbres Seigneurs. Au pied des Alpilles, la ville de Saint Rémy, gardienne du riche patrimoine dans ses musées et sa vie culturelle. Tout autour, des villages aux noms évocateurs de la Provence : Maussane, Mouriès, Aureille, noyés dans les oliviers et fiers de développer une activité ancestrale, en perpétuant la fabrication de la célèbre "huile d'olive de la vallée des Baux". Ce sont les premières communes oléicoles de France. Plus loin, d'autres villages perchés, comme Eygalières, couronné par son château en ruines, magnifique, avec sa jolie chapelle romane Saint Sixte..

Les pentes des collines sont recouvertes de chênes verts, cyprès, pins d'Alep et d'une garrigue de romarins et de chêne kermès. Au printemps la coronille à branche de jonc et le genêt épineux scorpion inondent la campagne de leurs pétales d'or. Les passionnés de botanique peuvent chercher des spécimens rares, tels la fraxinelle à l'odeur de cannelle, et l'ephédra qui pousse contre les rochers, là où niche le merle bleu aux couleurs avivées au printemps.

Une terre magique, parcourue par des sentiers comme le GR6 qui traverse le massif d'Ouest en Est en suivant les crêtes, faisant étape dans des villages au charme historique et légendaire .

"Cette chaîne bleutée où paît la chèvre d'or" chantait Marie Mauron qui poursuivait en parlant des Alpilles :

"Quelle banalité de dire il est des lieux où souffle l'esprit, mais quelle vérité pourtant , lorsque vous errez au coeur de ces Alpilles, où les vagues bleutées grises comme nacre des pics semblent haussées vers le ciel comme par un dieu, qu' une brise chante ou médite dans les pins et dans les cyprés, qu' un passé prestigieux vous y sourit dans l'élan d'une voûte en ruine et l'accumulation des siècles où toute grotte fut abri, où tout castrum devint château, puis mas, puis bergerie sans déchoir, où la vie a laissé, magnifiques, les traces de générations qui nous enseignent le respect par le Beau."

Ombre et lumière sur la Provence

Survolant les chemins des Alpilles : le tabac d'Espagne (Argynnis paphia).

25 L'ABBAYE SAINT MICHEL DE FRIGOLET

La Montagnette : le village de Barbentane et sa forêt, le monastère

A 12 km au Sud Ouest d'Avignon, un circuit entre le village de Barbentane et l' abbaye de Frigolet par les collines boisées de la Montagnette, lieu de détente et de loisir cher aux Avignonnais.

fiche technique

Longueur : 12 km
Dénivelé : 140 m
Durée : 4 h
Difficulté : orientation (les chemins sont innombrables)
Période : demi-saison, hiver
Equipement : randonnée légère
Point d'eau : Frigolet
Balisage : jaune, souvent inexistant, d'où notre description très détaillée
Carte Michelin : n° 80 pli 20
Carte IGN : 1/25000 n° 3042 Ouest

itinéraire d'accès

d'Avignon prenez la N 570 bordée de platanes en direction de Tarascon et Beaucaire. A l' entrée de Rognonas, empruntez tout de suite à droite la D 35 vers Barbentane, au milieu des vergers et des cultures irriguées. Dans Barbentane dirigez-vous à gauche vers Saint Michel de Frigolet par la D 35e que vous remontez sur 200 m pour vous garer au pied de la colline boisée. De là, en vous retournant, jolie vue sur le village accroché aux contreforts de la Montagnette et dominé par la tour Anglica, et plus près, aperçu de l' ancien moulin.

description

Un panneau marque le début de la balade. Vous prenez à sa droite le sentier balisé de jaune qui longe une villa et s'enfonce dans le sous-bois au bas de la colline. Le dimanche matin vous y rencontrez les amateurs de courses à pied. Négligez un sentier sur la gauche et filez tout droit jusqu' à un carrefour de pistes (1) où vous tournez à gauche, direction sud-est. Vous passez devant une oliveraie et vous dirigez vers la route. Juste avant, à droite, vous prenez le sentier parallèle qui la longe sous le couvert d'une pinède. Il descend un talus où se trouve une croix et remonte de l' autre côté. Après la ligne à haute tension, vous coupez à droite par un sentier oblique marqué en jaune qui rejoint un chemin à prendre à gauche. Vous traversez une première piste, puis une seconde, avant d'arriver à une aire de repos en face du mas de Roch (de l' autre côté de la route) (2). Remontez le chemin en oblique à droite, qui mène à d'autres tables de pique-nique. A un rond-point situé au fond de cet emplacement, vous poursuivez votre promenade sur le chemin fermé par une ancienne barrière, jusqu' à une clôture de fil de fer barbelé qui tourne à gauche. En la longeant, vous revenez à la route que vous traversez pour trouver en face la pancarte de la draille du mas de la Dame (3). Au milieu de cette autre zone de repos, vous remarquez un puits et un petit oratoire dédié à Sainte Marthe. La balade continue de ce côté de la route jusqu' à l' abbaye. Vous vous enfoncez dans la forêt à gauche sur la piste du mas de la Dame que vous quittez à la première fourche pour prendre la voie de droite. Juste avant le panneau "sauf riverains", vous grimpez encore à droite sur la colline (4). A la première bifurcation vous continuez sur la gauche en suivant le sentier principal non ba-

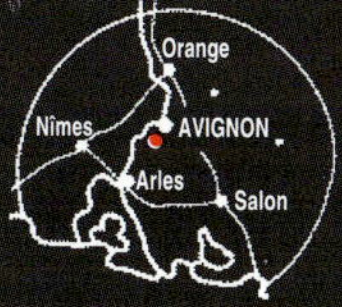

lisé qui s'élève en lacets dans le bois de pins de Barbentane et contourne le sommet de la colline par la droite. Quand il sort de la forêt et débouche sur une clairière, vous reprenez tout de suite à gauche une autre piste fermée par une barrière qui s'enfonce à nouveau dans les pins (5). A quelques centaines de mètres, une intersection vous invite à suivre le sentier qui s'élève à droite vers le mont de la Mère. Au cours de l' ascension, la vue s'ouvre sur le large méandre que dessine le Rhône au niveau d'Aramon. Vous arrivez au sommet à 167 m, point culminant de la Montagnette. Une croix plantée un peu plus bas domine un paysage magnifique: l'abbaye Saint Michel de Frigolet dans des vallonnements de collines boisées d'un côté, le Rhône et sa vallée de l'autre. Le sentier passe en crête, puis évite les rochers en les contournant à gauche par le vallon pour revenir très vite à droite passer un col. Vous traversez une large piste (fermée à gauche par une chaîne) (6) et continuez tout droit jusqu' à l'abbaye.

Si vous souhaitez la visiter, commencez par la chapelle romane en entrant à gauche. Vous irez ensuite voir la grande église richement décorée et la chapelle du bon remède. Pour les visites guidées vous pouvez vous adresser au point d'accueil de la librairie.

Le chemin de retour quitte l'abbaye en longeant la route de Barbentane jusqu' au rideau de cyprès et emprunte le sentier qui monte en oblique Nord-Est pour rejoindre la large piste barrée d'une chaîne aperçue à l'aller. (6). Vous la descendez à droite dans le vallon de pins d'alep jusqu' au premier carrefour où vous prenez le chemin de gauche (7). Vous longez une oliveraie puis un bosquet de pins d'Alep, derrière lequel vous devez quitter la piste principale et vous engager à droite le long d'une

ASB

J.M-R.

Autour d'Eygalières. L'enfant qui ne fut jamais tenté de souffler sur une aigrette de pissenlit, n'est pas encore né.

haie de cyprès (8) pour rejoindre 100 m après, une piste carrossable. Vous l'empruntez à gauche en laissant le mas de la Dame sur la droite. Quand la piste se divise en 2 (2 poteaux téléphoniques au milieu) (9), prenez à droite sur 50m un chemin qui rejoint une piste à suivre à gauche jusqu' à une propriété. Après en avoir contourné la clôture par la droite vous vous dirigez plein Nord vers Barbentane. La piste suit alors la ligne à haute tension sur plusieurs dizaines de mètres et croise une autre piste que l'on emprunte à gauche, plein Nord. Vous coupez la route des carrières à la croix de Chaulet et filez jusqu' à la départementale que vous traversez (10). Un sentier parallèle qui la longe de près sur la gauche vous ramène dans les pins au point de départ.

Une montagne de 165 mètres

La petite chaîne boisée de la Montagnette s'étire le long du Rhône entre Barbentane et Tarascon. En son centre, l'abbaye Saint Michel de Frigolet, installée dans une garrigue de thym (du provençal "farigoule) qui lui a donné son nom, a connu des épisodes célèbres. Les moines de Montmajour quittant leurs marais en cours d'assèchement vinrent s'y installer au Xème siècle pour se faire soigner et fondèrent le prieuré. La chapelle fut alors baptisée Notre Dame du bon remède.

Devenu lieu de pélerinage, le monastère reçut des visiteurs illustres. Anne d'Autriche y vint implorer un Dauphin. Sa prière fut exaucée avec la naissance du futur Louis XIV. En reconnaissance, elle fit don des boiseries dorées et des tableaux de Mignard qu' on peut encore admirer.

Au siècle dernier, les Prémontrés s'y établirent et construisirent une église et des murs d'enceinte à l' architecture assez surprenante. Transformée en pensionnat, l' abbaye accueillit le jeune élève Frédéric Mistral, dont on grava plus tard l' enthousiasme sous le porche : "o aromes O clarté O délices O mirage ! O paix de la nature douce ! Quels espaces de bonheur, de rêves paradisiaques vous avez ouverts sur mon enfance".

Alphonse Daudet y a créé un personnage devenu célèbre, le Révérend Père Gaucher, inventeur d'un élixir délicieux réalisé avec les herbes de la garrigue. L' abbaye est aujour d'hui un lieu de prière, de pélerinage, de rassemblements, de fêtes provençales, comme la fête de la jeunesse, la plus populaire, qui a lieu le lundi de Pâques.

La Montagnette reste un lieu de détente privilégié pour les Avignonnais.

26 LE ROCHER DES DEUX TROUS

les Antiques de St Rémy, le vallon de St Clerg, le site de Glanum

A 20 km au sud d'Avignon, un circuit de découverte du massif rocheux des Alpilles et de son patrimoine archéologique et culturel avec le souvenir lumineux de Van Gogh

fiche technique

Longueur : 8 km
Dénivelé : 250 m
Durée : 3 h
Difficulté : aucune
Période : toute l'année
Equipement : randonnée légère
Point d'eau : Saint Rémy
Balisage : rouge et blanc (GR 6), jaune
Carte Michelin : n° 81 pli 12
Cartes IGN : 1/25000 n° 3042 Est et 3042 Ouest

itinéraire d'accès

D'Avignon, prenez la D 571 jusqu' à Saint Rémy, traversez la ville et empruntez la D5 en direction des Baux de Provence. Arrêtez-vous aux Antiques à droite et stationnez sur le parking du site.

description

Traversez la route et prenez plus bas, de l'autre côté, la belle allée qui mène à l'ancien monastère Saint Paul de Mausole transformé plus tard en maison de repos, où vécut Vincent Van Gogh. Vous contournez l'édifice par la droite et passez à l'horizontale devant des mas dans les pins. Laissez plusieurs sentiers à droite et poursuivez vers l'Est sur un chemin de terre jusqu' à sa rencontre avec le GR 6 (1), large piste balisée rouge et blanc que vous prenez à droite vers le massif des Alpilles. Elle cotoie quelques beaux mas dans les oliviers . A une 1ère fourche, vous laissez le chemin du Séraillet partir à gauche, et remontez le vallon tout droit entre des barres rocheuses. Aux romarins en fleurs succèdent chênes verts et pubescents peuplés d'oiseaux. Les premiers cèdres apparaîssent et le vent s'y engouffre. Sur la colline à droite, le rocher des Deux Trous ouvre ses fenêtres sur le ciel. Sur

le plateau à gauche se dresse le pylône des télécommunications. Vous continuez de vous élever jusqu' à la route de la Caume. (La montée au Plateau de la Caume (390 m) par la voie goudronnée à gauche, constitue un détour hors circuit intéressant (1/2 h AR). La vue s' étend de tous côtés sur le Ventoux, le Lubéron, les Dentelles de Montmirail, les Monts de Vaucluse. Par temps clair, on peut apercevoir à l'ouest le Mont Lozère et le pic Saint Loup et vers le Sud, la Camargue, le Vaccarès et la mer. Toute proche, la tour des Opies coiffe le point culminant des Alpilles. L'endroit est bien connu des ornithologues qui s'intéressent aux rapaces habitués de ces lieux, aigles et grands ducs).

Vous remontez ensuite la route à droite sur 50 m et trouvez un raccourci (2) à gauche d'un pin. Il s'élève sur une butte puis rejoint le rocher des Deux trous, falaise percée étonnante (3) d'où la vue s'étend sur le Mont Gaussier tout proche. Le sentier du retour gravit la colline voisine à gauche et redescend brutalement (balises vertes) vers une belle fo-

CB

CB

Il y a du monde au balcon pour la halte curiosité aux deux trous, deux fenêtres ouvertes sur la Provence.

rêt de cèdres. Arrivé à la route en bas (4), vous suivez la piste tout de suite à droite (marques jaunes) qui dévale le vallon Saint Clerg entre les falaises. Le défilé se ressère puis débouche sur le site antique de Glanum : coup d'oeil unique sur les Temples, portiques, forum, thermes romains, encadrés au printemps, par les floraisons mauves des arbres de Judée. Les ruines que l'on visite aujour d'hui sont le témoignage de cette cité disparue, au rôle stratégique et commercial. Développée probablement à la fin du IIIème siècle avant J.C. sous inspiration grecque, puis dotée en 102 avant J.C. de caractéristiques romaines, on pense qu' elle fut abandonnée vers 270 après J.C. Le chemin serpente ensuite dans les pins jusqu' à Saint Paul de Mausole dont vous longez le mur à gauche. Pénétrez, si vous le souhaitez, dans l'enceinte de l'ancien monastère, pour visiter l'élégant petit cloître roman fleuri d'impatiens multicolores, et son église attenante aux lignes pures. Vous revenez aux Antiques qui miraculeusement tiennent debout depuis deux millénaires : l'Arc municipal, porte majeure de Glanum, l'un des plus anciens du monde gallo-romain, qui aurait bénéficié de la protection des moines de Mausole et le Mausolée de Jules, haut de 18 mètres qui porte des panneaux sculptés des deux côtés de son socle.

CB

La maison de repos de Saint-Paul de Mausole accueillit Vincent Van Gogh en mai 1889.

Un phare qui s'éteint

En face des Antiques, une paisible allée de pins et de pierres plates mène à Saint Paul de Mausole, baptisé ainsi à cause du monument voisin, le Mausolée de Jules. Cet ancien monastère au clocher roman provençal, devenu maison de repos, a accueilli il y a un siècle un artiste de génie. Vincent Van Gogh vint s'y reposer en mai 1889. Accompagné de son gardien qui lui portait son chevalet, ses toiles, son pinceau et sa peinture, il sillonna la campagne proche pour peindre la nature au cours des saisons : les champs de blé, les oliviers tortueux, les champs de coquelicots, les iris devenus célèbres. Une courte parenthèse d'une année pour peindre avec frénésie ses derniers tableaux, une centaine, et ses derniers dessins imprégnés de la lumière de la Provence. Il quitta Saint Rémy en mai 1890 pour Auvers sur Oise où il allait, deux mois après, partir se reposer pour toujours.

Ci-dessous, deux des œuvres les plus célèbres de Vincent Van Gogh peintes à proximité de Saint-Paul de Mausole : "les iris" et "les meules de paille".

Quinze siècles de silence et d'oubli

Jusqu'au XVIIIème siècle le site archéologique de Glanum était inconnu parce qu'enfoui sous les terres alluviales et la végétation. On connaissait le Mausolée de Jules et l'Arc de Triomphe, monuments romains très bien conservés, mais personne n'imaginait qu'il s'agisse de la porte d'une grande ville enterrée. Les 1ères recherches eurent lieu au XVIII ème siècle : la découverte d'un cippe funéraire et d'une monnaie d'argent frappée à l'éffigie de Déméter, la déesse de la fécondité, levèrent les derniers doutes. Depuis, et surtout à partir de 1921, un programme de fouilles réussit à dégager les vestiges de toute une cité. Une visite à ne pas manquer.

ASB

ASB

ASB

ASB

Les Antiques de Saint-Rémy de Provence et le site archéologique romain de Glanum.

le lac de Saint Rémy, les Baux de Provence

A 20 km au sud d'Avignon, une balade sur les crêtes qui permet d'arriver aux Baux par les sommets et la table d'orientation, véritable belvédère sur la célèbre cité.

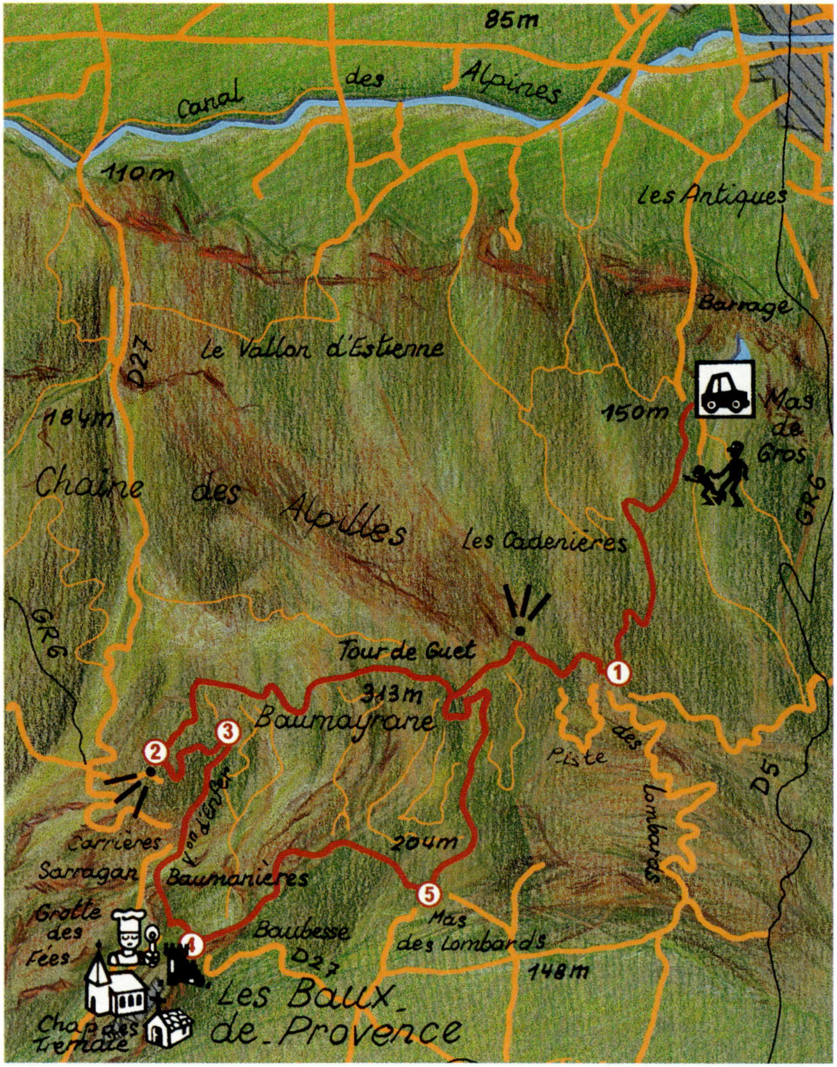

fiche technique

Longueur : 14 km
Dénivelé : 120 m
Durée : 4 h 30
Difficulté : aucune
Période : demi-saison, hiver. (Eviter les jours de mistral).
Equipement : randonnée classique
Point d'eau : village des Baux
Balisage : rouge et blanc (GR)
VTT : AR par la piste de l'aller
Carte Michelin : n° 83
Carte IGN : 1/25000 n° 3042 Ouest

itinéraire d'accès

d'Avignon, prenez la D 571 en direction de Saint Rémy de Provence. Traversez la ville et prenez tout droit la D 5 qui monte vers Maussane et Les Baux. Après 1 km, tournez à droite sur une petite route étroite, qui indique le lac et le barrage. Roulez 2 km 500 et stationnez à droite dans les pins, avant le tournant de la route qui descend au lac.

description

En revenant une cinquantaine de mètres en arrière, vous trouvez la piste forestière du GR 6 (rouge et blanc) qui s'élève sur la droite. (Une barrière en interdit l'accès aux véhicules). Vous la remontez dans les pins et apercevez les premiers massifs rocheux. Au bout d'un km, le chemin dessine une boucle (que vous pouvez couper) et passe devant une citerne. Vous poursuivez votre marche plein sud dans une végétation méditerranéenne odorante. Un autre lacet de la piste contourne une cédraie. Au fur et à

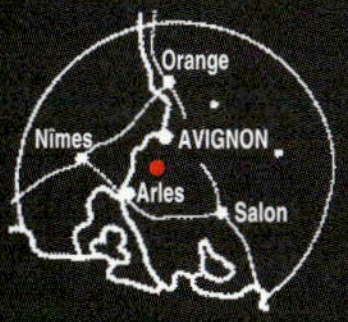

mesure de la progression, la vue s'amplifie sur le massif des Alpilles : le relais TV apparaît sur le plateau de La Caume. En haut, vous rejoignez une large piste (1) que vous allez suivre à droite jusqu' aux Baux. Le GR 6 emprunte ce chemin de crête au milieu d'une végétation très clairsemée. Seuls quelques buissons épineux éparses jonchent le sol. La piste est rejointe sur la gauche par celle des Lombards et entre les massifs rocheux sur la droite, vous apercevez le clocher et les toits de Saint Rémy. Devant vous, sur une colline veille une tour de guet. (Un détour de 15 minutes AR hors-circuit, permet d'y admirer un panorama superbe). Vous longez le pied de la colline à gauche jusqu' à un tournant où la Cité des Baux apparaît au loin, magique sur sa falaise monumentale, au milieu d'un étonnant éboulis de roches. Laissez le GR descendre un raidillon très discret à gauche et continuez tout droit. La piste sillonne la crête et au niveau d'une citerne prend nettement une direction Sud. Le site des Baux se rapproche. Vous arrivez à la piste goudronnée. En face se profile le dôme qui porte la table d'orientation (2). Grimpez au sommet où vous attend un spectacle impressionnant et grandiose : le village des Baux, couronné de son château en ruine, accroche ses maisons sur la falaise déchiquetée. Au loin la vue porte sur le Lubéron, le Ventoux, les Cévennes, la plaine de la Crau et la Camargue, un panorama à vous couper le souffle... Le plus beau point de vue sur les Baux ! Vous descendez à gauche par le pierrier qui mène à la route que vous traversez. Engagez-vous en face sur le chemin barré d'une chaîne. Il mène à 400 mètres environ à un cairn (3) placé dans un tournant qui signale un sentier à droite. Vous le descendez et vous dirigez vers le village des Baux qui mérite une visite.

ASB

Un point de vue spectaculaire sur le site des Baux de Provence.

CB

CB

Le château et le village des Baux.

(Promenez-vous dans les rues moyenâgeuses aux maisons restaurées, visitez l'église Saint Vincent, célèbre pour sa crèche vivante à Noël, montez au musée archéologique, à la Cité morte et découvrez les ruines du Château des Seigneurs des Baux).

Le chemin du retour quitte les Baux au col des Valayèdes (4) (en haut de la route qui descend sur Maussane). Le sentier étroit du GR signalé sur la gauche s'élève à angle droit dans des buissons épineux. Le sol est pierreux et jonché de fossiles. On suit la ligne de falaises d'un côté, et on surplombe les oliveraies et les vignes de la plaine de Maussane de l'autre. A la rencontre d'une piste plus large, un détour de 15 minutes, hors circuit permet de visiter une carrière à gauche, immense grotte taillée dans la pierre et recouverte d'inscriptions. Vous reprenez le GR 6 qui longe des vergers et contourne le mas Baumayran. Peu après, vous devez laisser le GR s'élever à gauche et continuer tout droit jusqu' à un carrefour. Vous le traversez et quittez la route 50 m après, à gauche, pour prendre le premier chemin non balisé qui s'oriente vers le Nord (5). (Une barrière en ferme l'accès aux véhicules). Vous remontez le vallon dans un sous-bois accueillant et parfumé aux herbes de Provence. Vous progressez régulièrement vers les crêtes que vous atteignez après une grande boucle à gauche, au niveau de la tour de guet. Vous retrouvez le GR 6 parcouru à l'aller que vous empruntez à droite sur les crêtes, puis à gauche au croisement pour redescendre vers le petit lac où se mirent les falaises environnantes.

Le mythe de la chêvre d'or

Dans le Val d'Enfer, s'ouvre le Trou des Fées. On y accède par des dédales d'escaliers et de longs couloirs. Après avoir traversé la grande salle de la sorcière Aven, on pénètre dans la cave des fantômes, fermée par le Pas de la Bambaroucho (la bête noire), un passage secret. C'est là que la sorcière se tenait assise. Un Maure nommé Abd el Rhaman serait venu ensevelir un monceau d'or et de pierreries. Il n'en serait jamais revenu. La chèvre d'or, la "Cabro d'or" en Provençal, (chèvre aux cornes d'or pur), serait gardienne des trésors. Elle défendrait l'entrée de sa grotte, n'apparaissant qu' à des moments privilégiés suivant les mouvements du soleil. Il n'est pas une région qui ne prétende posséder une colline portant son nom. Elle aurait un certain rapport avec les Sarrazins, apparaissant dans les lieux où ils sont passés. Selon certains, elle serait une statue animale en or pur que les envahisseurs auraient cachée avant de s'enfuir. On trouve le mythe de la chêvre d'or sur la côte méditerranéenne, dans les Dentelles de Montmirail , dans le Gard près de Laudun, à Fontaine-de Vaucluse. Elle apparaît aussi comme un symbole solaire, son bondissement étant comparé au lever du soleil et ses cornes d'or à ses rayons.

d'après J. Paul Clébert Lieux et histoires secrètes de Provence

Choucas des tours *(Corvus monedula)*

Familier, ils évoluent autour des églises, des châteaux, faisant entendre leur cri sans réserve. A l'origine ils vivaient sur les parois rocheuses. De la même famille que les grands corbeaux, ils n'ont pas la mauvaise renommée du cousin. Peut-être est-ce pour ne pas être confondus qu'ils se distinguent par une grande tache grise sur la nuque. **S.M.**

Une Cité magique

Une immense falaise rocheuse porte les ruines du village médiéval des Baux et de son château, dans un décor de rochers chaotiques et déchiquetés, de carrières taillées qui ressemblent à des Temples Egyptiens. Occupée par des civilisations très anciennes qui remontent au Néolithique, place forte à l'Age du fer, la Cité des Baux connut un essor remarquable à partir du Xème et jusqu' au XIIIème siècle. Une puissante famille s'y installa et construisit château et donjon. Ce fut l'époque de la cour des Seigneurs des Baux et de leurs troubadours, "uno raco d'aiglons, jamais vassalo". Indépendante jusqu' en 1426, la Cité fut le siège d'une histoire tourmentée. Ville chérie des Comtes de Provence puis des Rois de France, elle connût un grand essor architectural à l'époque de la Renaissance. Sa grandeur s'éteignit avec la destruction de son château en 1632 et la migration de sa population vers les anciens marais nouvellement asséchés.

Le site insolite et grandiose a toujours fasciné artistes et poètes qui y trouvent leur inspiration, Dante, pour ses chants de la Divine comédie, plus tard les poètes provençaux (Mistral, Charles Rieu, Marie Mauron) et plus récemment René Char. Cocteau tourne dans les carrières du Val d'enfer son film Orphée. Jean Plécy, anime aujour d'hui les parois calcaires d'une carrière baptisée "cathédrale", en y projetant un spectacle féérique de diapositives géantes. Un lieu mystérieux et fascinant.

CB

ASB

SM

Les carrières et la chapelle du château.
Des choucas des tours au faîte d'un platane.

AUTOUR D'EYGALIERES

le village d'Eygalières et le massif du Petit Calan

A 35 km au Sud-Est d'Avignon, ce circuit allie la découverte d'un des plus jolis villages des Alpilles et une très belle promenade dans les massifs rocheux

fiche technique

Longueur : 10 km
Dénivelé : 200 m
Durée : 3 h
Difficulté : néant
Période : demi-saison, hiver, à éviter les jours de mistral

Equipement : randonnée légère
Point d'eau : village d'Eygalières
Balisage : rouge et blanc (GR)
Carte Michelin : n° 81 pli 12
Carte IGN : 1/25000 n° 3042 Est Noves

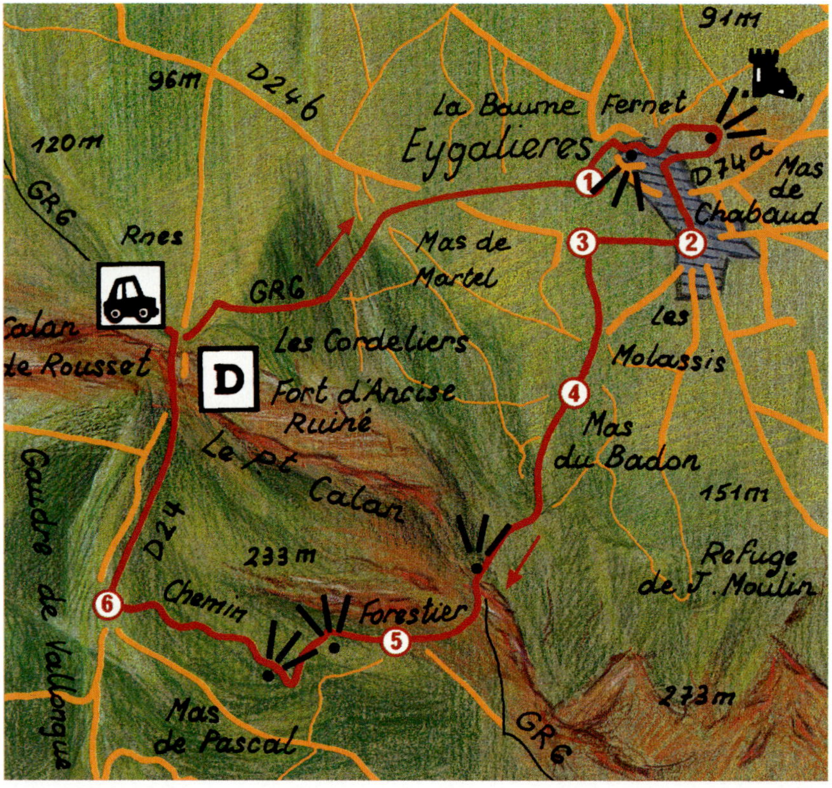

itinéraire d'accès

D'Avignon, prenez au sud la D 571 jusqu' à Saint Rémy puis tournez à gauche vers Cavaillon (D 99). A 8 km, prenez à droite la D 24 vers Mouriès. Au carrefour d'Eygalières à 3 km, continuez tout droit, faites encore un bon km et garez-vous à droite au pied des falaises du Calan de Rousset, début de la voie Aurélia.

description

Le chemin caillouteux du GR 6 vous attend juste de l'autre côté de la route. Vous traversez la départementale et vous engagez sur son tracé rouge et blanc. (Le chemin est aussi balisé d'un trait orange). Laissez très vite sur la droite un sentier menant à un mas et marchez sur la gauche entre des oliveraies et des vergers de cerisiers. Une seconde intersection vous invite à obliquer à droite vers l'Est. Après la traversée d'une pinède, le coquet village d'Eygalières vous apparaît au loin. Le chemin passe à proximité de très beaux mas et débouche sur la petite route départementale (1). Vous la traversez et poursuivez votre itinéraire en direction du village perché. Vous dépassez le cimetière et juste après, quittez la route pour vous engager sur une sente à gauche. Arrivé au niveau de quelques rochers, vous remontez à droite et traversez la voie goudronnée. Presque en face vous trouvez une rue d'accès au village. Vous la prenez et cherchez sur la droite un sentier menant à la Tour de l'ancien Moulin. De ce sommet, la vue domine les toits d'Eygalières et les oliveraies tandis que se détache en toile de fond la chaîne des Alpilles. Harmonie du paysage et des couleurs ! Vous redescendez la colline vers le Nord Est où vous retrouvez la rue qui

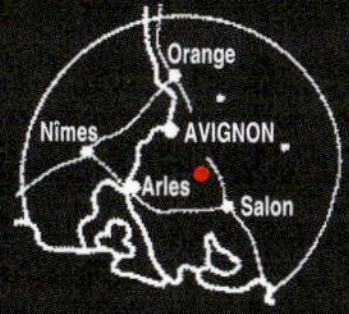

monte au Château : vous passez la porte de l'Auro et tout de suite après à gauche prenez le chemin qui longe l'église romane Saint Laurent au clocher ajouré et la chapelle des Pénitents blancs qui abrite les vestiges romains et médiévaux retrouvés sur le site. En montant vers le sommet, vous apercevez sur la colline en face la tour du Prieur, un ancien moulin à vent. Vous arrivez à la tour carrée du vieux Donjon, reste du Château-Fort du XIème siècle couronnée par une Vierge moderne et apercevez un peu plus bas la Tour de l'Horloge à l'élégant campanile. De cet éperon, la vue s'étend sur les Alpilles et la plaine de la Durance. Vous redescendez par une allée de pins puis la grand rue fleurie du village où sont installés peintres, artisans d'art et antiquaires. Vous quittez Eygalières par la route de Mouriès (D 24b) (2) et à 400 m environ, au niveau des courts de tennis, prenez à votre gauche le chemin goudronné des Fouillands (3). Vous passez devant quelques beaux mas et quand la route oblique à droite, continuez tout droit sur la piste empierrée du GR 6 (4) où une ancienne carrière à ciel ouvert a été aménagée en piste de cyclo-cross. Le GR prend de la hauteur et se faufile par un col entre les Massifs du Petit et du Grand Calan. En vous retournant, vous voyez le village d'Eygalières se détacher sur le mont Ventoux. Continuez votre marche sur la large piste caillouteuse, en laissant sur votre gauche le sentier discret du GR 6 qui s'engage dans la végétation vers le Massif du Gros Calan et sur votre droite, au niveau d'une pancarte, un chemin qui descend vers celui du Petit calan. La piste amorce une large boucle vers la droite jusqu' à sa rencontre avec le chemin forestier de Gros Calan rencontré au niveau d'une citerne (5). Vous empruntez à droite cette voie qui sillonne les crêtes, offrant des points de vue spectaculaires sur

CB

CB

La chapelle rurale Saint Sixte. La tour du Prieur et le campanile d'Eygalières.

les massifs aux rochers nus dont on observe les plissements : un décor minéral impressionnant. La garrigue avec ses cistes cotonneux et ses romarins couvre le sol, puis les premiers pins apparaissent. Leur vert tendre se détache sur le blanc nacré des falaises calcaires et le bleu du ciel. La piste entame sa descente dans la pinède, parcours facile et ombragé jusqu' à la route (6). Un sentier longe la voie goudronnée à droite : vous le prenez pour revenir à la Voie Aurelia, au pied du Calan de Rousset, votre lieu de départ. En passant devant le massif du Petit Calan sur votre droite, vous remarquez à son extrémité les ruines du Fort d'Ancise.

Des histoires de sources et d'eau

Site d'habitat néolithique, le village se développa à l'époque romaine où une légion vint capter les eaux de ses sources pour les amener par un aqueduc jusqu' à la ville d'Arles. Il prit alors le nom d'Aqualéria : la capteuse d'eau qui devint Eygalières. Un temple païen dédié aux eaux aurait alors été élevé au point de départ de l'aqueduc, à proximité. C'est à l'emplacement de ce sanctuaire antique que fut construite au XIIème siècle la chapelle rurale Saint Sixte, petit édifice roman isolé sur son monticule rocailleux planté de cyprès et d'amandiers, un des joyaux de la Provence.

29 LA TOUR DES OPIES
Aureille, la chaîne des Alpilles, la tour des Opies

A 42 km au Sud-Est d'Avignon, ascension du sommet des Alpilles offrant un panorama circulaire sur la chaîne montagneuse et les environs. Une très belle découverte.

fiche technique

Durée : 3 h 30
Dénivelé : 350 m
Difficulté : descente rapide, balisage incertain depuis les incendies
Période : demi-saison, hiver
Equipement : bonnes chaussures, pantalons (broussailles)
Balisage : orange, souvent effacé (incendies)
Carte Michelin : n° 84 pli 1
Carte : 1/25000 n° 3043 Est

itinéraire d'accès

d'Avignon, prenez au sud la D 571 jusqu' à ST Rémy. Dans St Rémy tournez à gauche vers Cavaillon sur la D 99. A 8 km, prenez à droite la D 24 vers Mouriès. A 4 km, à une fourche, prenez à gauche la D 25 vers le joli village d'Aureille au bord de l'ancienne voie romaine Aurelia. Dans le village prenez à droite le chemin St Pierre et garez-vous au bout, sur le parking du cimetière.

description

Engagez-vous sur la large piste à droite, balisée orange. Elle se dirige vers un parc cloturé (1) où vous devez prendre à gauche le chemin du GR 6 (balisé rouge et blanc), qui longe l'enclos vers le Nord en direction d'une chaîne rocheuse. De part et d'autre, genêts en fleurs, cistes cotonneux, coronilles aux pétales d'or envahissent au printemps l'ancienne forêt aux arbres calcinés, souvenir du récent incendie de 89. Le GR passe à gauche d'une colline puis au pied du Mont Mazette et traverse des terres cultivées, parfois survolées par des perdreaux. Au niveau d'une clôture électrique, le chemin se rétrécit. En laissant le GR 6 filer à gauche (2), vous continuez tout droit votre montée vers les falaises rocheuses, puis traversez un agréable sous- bois heureusement épargné par l'incendie. A votre arrivé au col à 344 m (3), la vue s'ouvre sur le vallon de Valdelègue. A droite se dresse la Tour perchée au sommet de la falaise qu' il va falloir gravir. Du col, vous partez en oblique à droite en suivant un chemin qui va contourner les rochers par le Sud Ouest. Vous négligez à gauche des raidillons qui sont des raccourcis vers le sommet et restez sur le sentier principal qui après avoir fait le tour du pic mène au pied du dernier ressaut qui permet l'ascension finale. En progressant toujours sur ce semblant de sentier très escarpé, vous vous hissez sur quelque rocher pour parvenir au sommet des Opies à 498 m, où est installée une tour, probablement d'origine sarrazine. La vue y est panoramique : le plateau de la Caume, le Mont Ventoux, la Ste Victoire, l'étang de Berre et la Méditerranée... L'ascension méritait bien cette récompense. Contemplez ! La descente se fait au début par le même chemin. Retrouvez le sentier qui dégringole dans les rochers. La pente est rapide. Laissez sur la droite le sentier de contournement pris à l'aller (4) et plongez toujours plein sud en suivant le cours d'un torrent à sec. C'est raide. Quelques balises oranges parfois vous rappellent que vous êtes sur le bon chemin. Après cette descente sportive, un petit muret se présente sur la gauche (5). Suivez le talweg qui se faufile à droite. La pente est plus douce, les broussailles envahissantes. Il faut se frayer un chemin dans l'abondante végétation. En sortant de ces four-

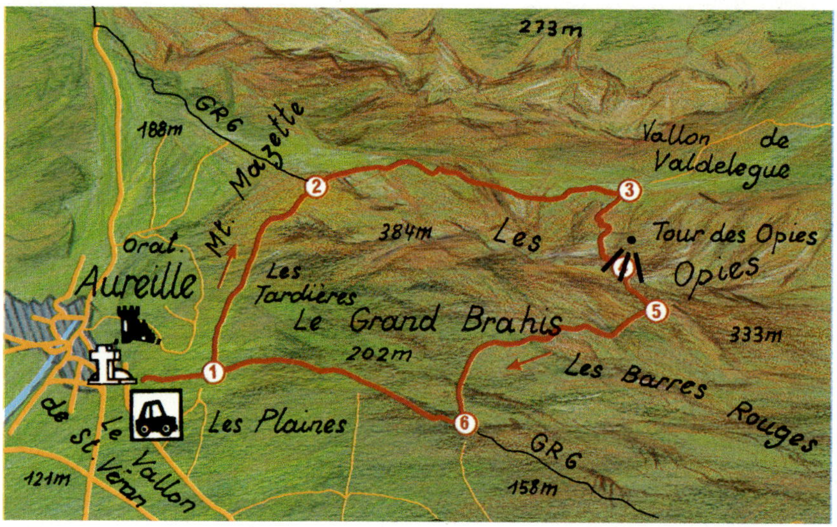

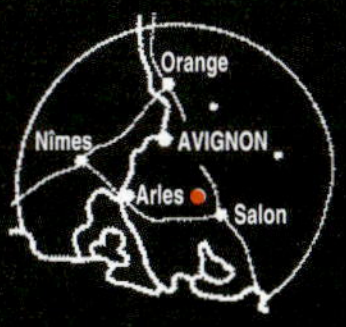

rés, vous rejoignez la bonne piste du GR 6 que vous prenez à droite (6). Vous repassez devant les enclos de chevaux et de taureaux, avant de regagner le village d'Aureille entouré d'oliveraies et dominé par son château.

Un cadeau des Dieux

Symbole de paix, sagesse, fécondité, immortalité, l'olivier est aussi symbole de la Provence. Dans le paysage il fait partie du décor. Dès l'Antiquité on le trouve ici à l'état sauvage. Plus tard les Grecs introduisent par greffes et boutures l'olivier cultivé. Ami de l'homme, contre quelques soins, il lui donne généreusement ses fruits parfumés, son huile savoureuse et son ombre fraîche. La cueillette des olives a lieu de Novembre à janvier. Elle se fait encore à la main. Verte au départ, l'olive devient noire en mûrissant. Après la récolte, les olives sont triées. Certaines variétés sont réservées à la confiserie en vert (picholines) ou en noir (tanches). Les olives cassées, spécialité de la vallée des Baux sont faites avec une olive verte, la Salonenque qui est frappée avant d'être passée dans une saumure aromatisée au fenouil et au coriandre. Les autres servent à la fabrication de l'huile. Elles sont broyées entières sous des meules à roue de granit, puis malaxées à froid sur des scourtins (plateaux de fibre végétale ou synthétique) qui laissent passer la margine (mélange d'huile d'olive et d'eau de végétation). Par décantation on obtient alors l'huile vierge 1ère pression, pur jus de fruit d'olive, au goût sublime et aux précieux bienfaits. A côté d'Aureille, Maussane réalise, à l'ancienne, dans son moulin du XVIème siècle, l'huile la plus parfumée. Mouriès, avec ses deux moulins est la 1ère commune oléicole de France.

CB

CB

Au pied du château d'Aureille, les alignements rigoureux d'une oliveraie. Un méridionnal sylvain azuré (Azuritis reducta). *Le chemin menant aux Opies, toit de la Montagnette.*

LE PLATEAU DU DEFENS
le cirque de Calès, le Castellas de Roquemartine

A 40 km au Sud-Est d'Avignon, un parcours varié à travers cirques, forêts, crêtes, à la découverte de sites remarquables : les célèbres grottes troglodytiques de Calès, le château en ruine de Roquemartine sur son nid d'aigle et le signal du Défens sommet d'un des derniers contreforts des Alpilles.

Fréquentes en mai au bord des chemins : les "gueules de loup" ou "grands mufliers" (Antirrhinum majus)

J.-M.R.

fiche technique

Longueur : 13 km
Durée : 4 h
Dénivelé : 200 m
Difficulté : aucune
Période : demi-saison, hiver (l'été les sentiers sont fermés à cause des incendies)
Equipement : randonnée légère
Point d'eau : Lamanon
Balisage : sentier botanique (pancarte verte), GR 6 (rouge et blanc)
Carte Michelin : n° 84 pli 2
Cartes IGN : I/ 25000 n° 3043 Ouest Salon de Provence n° 3143 Est Miramas Eyguières

itinéraire d'accès

Quittez Avignon par la N 7 que vous suivrez jusqu' à Sénas. Prenez ensuite la N 538 vers Salon de Provence et après 5 km tournez à droite vers Lamanon en passant sous le tunnel de la voie ferrée. Entrez dans le village et garez-vous sur la place de l'église.

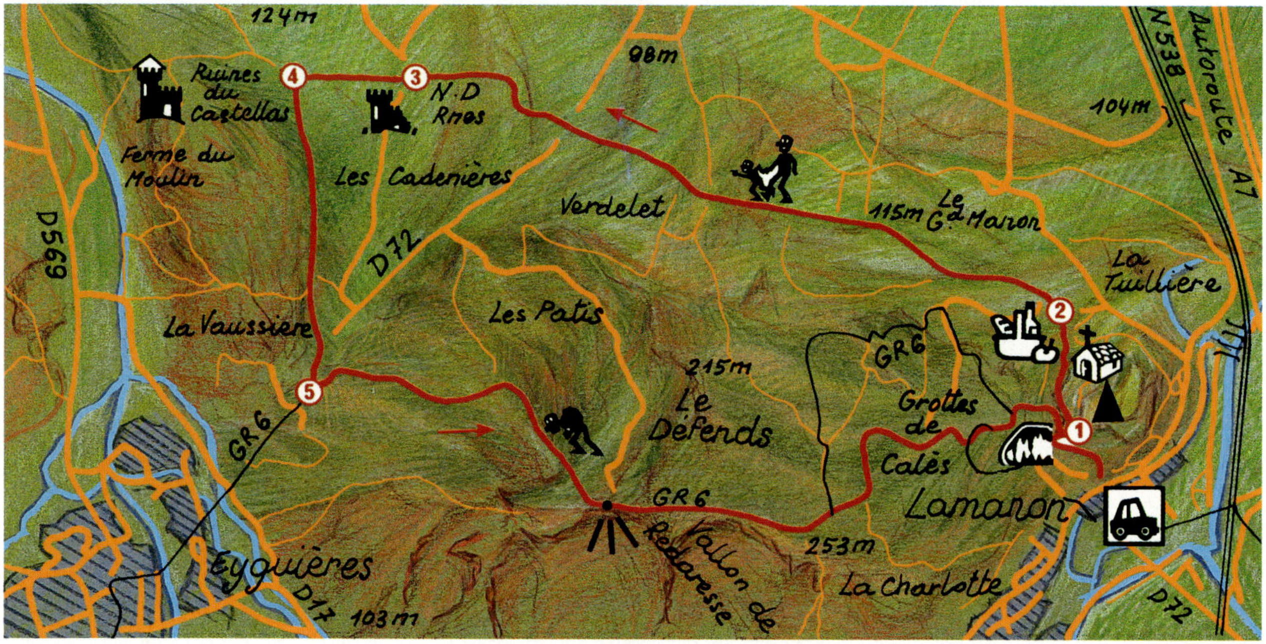

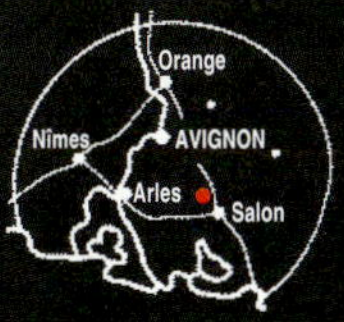

description

Un chemin forestier balisé rouge et blanc (GR 6) et marques vertes d'un sentier botanique, vous attend derrière l'église. Il gravit la colline dans une pinède, en direction des grottes de Calès. En chemin, une première pancarte invite à visiter, à droite, un vaste abri sous roche appelé la "Grande Baume", qui fut habité, comme d'autres, par des tribus primitives. Continuez votre marche en suivant la piste du sentier botanique qui bifurque à droite et par une rampe pavée gagne l'emplacement de l'"îlot troglodytique", massif rocheux percé d'habitations. La roche de calcaire gréseux couleur jaune sable s'illumine sous les rayons du soleil. Franchissez la porte médiévale (1) qui donne accès à un plateau de forme elliptique. Il est situé entre deux falaises reliées par des murailles percées de portes. De nombreuses grottes occupées dès la Préhistoire y ont été découvertes, dont certaines auraient été encore habitées épisodiquement aux siècles derniers. Un sentier à droite permet de les visiter et d'y admirer d'étonnantes sculptures dans les rochers. A l'extrémité du Plateau, il faut franchir un autre mur d'enceinte puis descendre dans la forêt jusqu' à la chapelle romane Saint Denis du XIIème- XVème siècle, récemment restaurée. Vous prenez ensuite vers le Nord un chemin qui mène à une aire de pique-nique et à une source abondante. Empruntez à gauche la petite route goudronnée, au balisage blanc(2). Devenue piste puis chemin de terre, elle traverse un sous-bois de pins et chênes-verts et longe des vignes au-dessus desquelles se profile à l'horizon la chaîne ondulante des Alpilles. Après un nouveau taillis et une autre vigne, il faut traverser une route pour trouver en face un sentier balisé orange qui passe

CB

CB

Deux aspects des ruines du Castellas de Roquemartine.

Les traces de l'ancien chemin de ronde sont bien visibles sur ce pan de mur. Combien d'archers livrèrent combat et perdirent leur vie derrière ces antiques créneaux ?

dans des zones habitées puis amorce un grand tournant à droite. Le chemin se dirige plein Ouest le long d'une haie de cyprès, jusqu' à une voie goudronnée qu' il faut emprunter à gauche sur 5 m, pour trouver à droite (3) le prolongement du sentier. Un grand mur apparaît sur la gauche, reste des ruines "Notre Dame". En face, le majestueux Castellas de Roquemartine perché sur sa colline, découpe sur le ciel ses pans de murs déchiquetés. Vous vous en approchez en vous frayant un passage au bout du sentier dans un roncier, pour gagner un pylone balisé orange. Vous longez ensuite la clôture d'un terrain, pour rejoindre un large chemin au pied de la colline du Castellas. Le château en nid d'aigle et sa chapelle en contre-bas appartiennent au domaine privé de Roquemartine. La famille d'Albe l'aurait reçu en privilège au XIIIème siècle et il aurait été abandonné quelques siècles plus tard, la nouvelle demeure seigneuriale étant construite dans la plaine. Les ruines qui menacent de s'effondrer ne sont pas accessibles au public qui doit se contenter de l'admirer à distance. Derrière lui se profile le sommet des Opies, point culminant des Alpilles. Vous empruntez la voie (4) qui se dirige plein Sud et en négligeant deux sentiers à gauche puis un à droite, vous gagnez la route d'Eyguières. Vous la prenez à droite sur 100 m, jusqu' à la rencontre à gauche avec la piste du GR 6 (5) que vous suivrez jusqu' à la fin de la balade. Il s'élève vers le plateau du Défens en sinuant dans les pins et les chênes-verts. Le "signal du Défens", point culminant à 312 mètres offre un point de vue magnifique alentour : le village d'Eyguières au pied du massif des Alpilles à l'Ouest, l'étang de Berre et la ville de Salon de Provence au Sud, la chaîne du Lubéron au Nord Est. Le GR suit la ligne de crête, puis entreprend sa descente vers le site de Calès, véritable Oppidum qui apparaît au loin, coiffé de sa tour-vigie (contre les incendies). Trois citernes jalonnent le sentier, la première appelée Charlotte. Au niveau de la 3ème, le GR bifurque légèrement à gauche et sinue aux abords du site de Calès, avant de gagner les premiers rochers sculptés, creusés de vestiges d'habitations. En remontant des ruelles empierrées et un escalier taillé, vous arrivez à une esplanade où se dresse une statue de la Vierge. De là, on domine l'ensemble du cirque de Calès. Dans la descente apparaissent d'autres grottes aux rochers sculptés. Vous rejoignez la porte d'enceinte du site et redescendez vers Lamanon.

Le site de Calès

Cet ensemble d'aménagements troglodytiques a été façonné par la nature et par les hommes. 116 grottes y ont été dénombrées, dont 58 à l'intérieur même du cirque. Plus ou moins facilement accessibles par des escaliers glissants, elles sont percées de larges fenêtres rectangulaires et taillées de rigoles destinées à conduire l'eau de pluie dans des citernes creusées. Des fouilles s'efforcent de retrouver l'histoire des populations qui occupèrent les lieux ainsi que leur mode de vie. Les premières furent des tribus primitives du Néolithique, suivies plus tard des Celtes et des Sarrazins. Au Moyen-Age un château féodal y fut édifié, dont le donjon se dressait sur le rocher ouest qui domine le cirque. Il fut entouré d'une enceinte fortifiée et habité par une famille de Seigneurs, chevaliers et troubadours. Le village comptait alors au moins 200 personnes. Délaissé lors de la grande peste de 1382, puis occupé par un des derniers Seigneurs des Baux, Raymond de Turenne, le château fut pillé et détruit au 16ème siècle au cours des guerres de religion, puis abandonné. Le site fut depuis habité épisodiquement par des populations obligées de fuir.

Agrémenté de ses deux chapelles en pleine nature, l'une en ruine, Saint Jean, édifiée à l'emplacement d'un temple romain et l'autre romane, Saint Denis, merveilleusement restaurée, le site de Calès offre au promeneur un univers de découverte très original.

Différents aspects de l'ilot troglodytique de Calès.
Une meule de gruyère façonnée par la nature et aménagée par l'homme depuis le Néolithique.
Un paquebôt de pierre aux 116 cabines.

CB

CB

Fascinante Camargue

Triangle marécageux entre les deux bras du Rhône et la mer, le delta camarguais est une terre en mouvement. Le littoral avance de 10 à 50 m par an grâce aux sédiments déposés par le fleuve. La ville d'Arles s'est éloignée de la mer et Aigues Mortes, ancien Port maritime au 13ème siècle, s'est enfoncé dans les terres. La Camargue est une frontière mouvante entre la terre et l'eau, où les étangs peuvent se gonfler ou se vider en 24 heures sous l'influence des pluies ou du mistral.

Au centre du delta, se trouve l'immense étang du Vaccarès, avec en son milieu le bois de Rièges et, au sud, avant la mer, les lagunes et les sansouires. C'est une Réserve Nationale zoologique et botanique, un paradis naturel peuplé d'oiseaux et de plantes rares. Créée en 1927 sur un espace de 13117 ha, gérée par la Société Nationale de Protection de la Nature, elle accueille plusieurs espèces d'oiseaux qui viennent là pour nidifier ou faire étape au cours de leur migration. Car la Camargue bénéficie d'un climat doux. Sa position entre les continents euro-asiatique et africain en fait un lieu de prédilection pour tous les oiseaux migrateurs, bien connu des ornithologistes. Selon les saisons, on y observe sarcelles, hérons, aigrettes, colonies de flamants roses, ainsi qu' une flore de sel protégée, faite de salicornes, d'asters et de saladelles. Dans le bois des Rièges on trouve même des genévriers de Phénicie, espèce rare dans ce type de milieu.

Au hameau de la Tour-du-Valat, une équipe de scientifiques a monté une station biologique de recherche, de protection et d'aménagement pour l'étude des oiseaux, notamment leurs mouvements migratoires (un système de bague permet de suivre l'évolution de dizaines de milliers d'oiseaux et de les répertorier). On surveille également les lieux et périodes de nidification.

Cette Réserve "Volontaire", ajoutée à la Réserve Nationale et la Réserve Départementale des Impériaux gérée par la commune des Saintes Maries, constitue le Parc Naturel Régional de Camargue créé en 1970, après avoir été réclamé pendant 50 ans par le Baron de Baroncelli. Principaux objectifs : préserver l'équilibre entre les activités humaines et la sauvegarde du milieu naturel, en évitant les désastres, tels le passage d'avions à basse altitude qui perturbent la nidification, le déversement d'herbicides dans les roubines et les campagnes de démoustication modifiant les chaînes alimentaires. Pour ce qui est de la végétation, le Parc protège les dunes littorales et intérieures, comme celles du bois des Rièges.

En Camargue le taureau noir règne en maître, solitaire et majestueux, ou en compagnie du troupeau, la manade. Elevé pour les courses à la cocarde ou les corridas, il est marqué au fer du nom de son propriétaire, au cours d'une "ferrade". Le petit cheval blanc issu d'une race très ancienne, probablement importée d'Asie Mineure est le serviteur du Gardian et son complice dans l'amour des grands espaces sauvages.

L'engouement des citadins pour le tourisme camarguais ne doit pas faire oublier que l'espace rural y a ses lois qui doivent être respectées. La vie libre des oiseaux, des taureaux et des chevaux s'observe dans le silence avec patience. A pied sur les digues ou au bord des étangs, avec une bonne paire de jumelles, vous serez aux première loges !

La camargue est soumise aux lois de l'eau et à une implaccable horizontalité dérangée ici et là par quelques maisonnettes blanches couvertes de "sagno" (roseaux de marais) et par la silhouette guerrière de l'église des Saintes-Maries-de-la-mer, phare totémique du peuple gitan. Le roi se nomme ici "Biou" (taureau), celui qui paisse entre les sansouïres, celui aussi qui règne en maître dans les arènes et qui, seul dans son combat avec l'homme lors des "courses libres", a le droit d'infliger les sévices corporels. L'eau, enfin, est soumise à la gestion de l'homme qui, régule le débit des roubines et des écluses, pour livrer la Camargue à la nature : un équilibre culturel fort pour un équilibre naturel assisté et fragile... Grand Merci aux techniciens et autorités du Parc Naturel Régional et des Réserves Nationales et Départementales.

J.-M.R.

J.-M.R.

SM

31 LA RESERVE DEPARTEMENTALE DES IMPERIAUX
De Cacharel à Méjannes, par la draille des cinq gorges

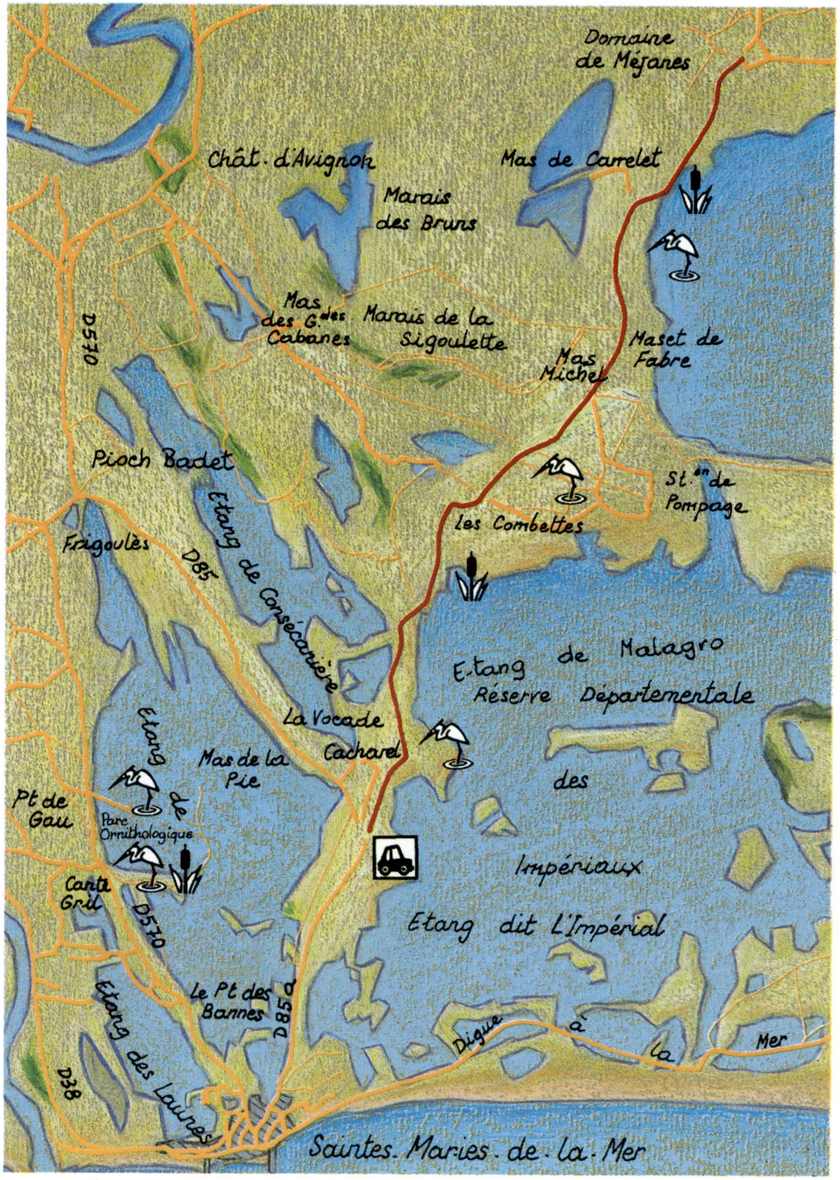

A 70 Km au Sud-Ouest d'Avignon, un itinéraire qui longe les deux principales réserves de Camargue : découverte de ce paradis des oiseaux

fiche technique

Longueur : jusqu' à 22 km aller et retour
Dénivelé : 0 mètre
Durée : selon la longueur du parcours, jusqu' à 6 h
Difficulté : en été vent, soleil, moustiques, manque d'eau potable
Période : demi-saison, hiver (l'été en évitant les heures chaudes)
Equipement : randonnée légère, eau (indispensable) jumelles
Point d'eau : Méjannes
Balisage : des panneaux indicatifs
Carte IGN : 1/100 000 n° 66 pli 7 - 1/50000 n° 303 - 1/25000 n° 2944 Ouest Saintes Maries et 2943 Est Arles
VTT : oui (locations faciles aux Saintes)

itinéraire d'accès

A la sortie d'Arles, prenez la route des Saintes Maries de la Mer (D 570). Après 29 km, au niveau de Pioch Badet, prenez à gauche la D 85a, menant aux Saintes par Cacharel et faites 6 km. Après le mas de Cacharel, une large piste part en oblique vers la gauche. Garez-vous au début de cette piste, avant le panneau de la Réserve signalant la fermeture de la route à 2 km.

description

Vous prenez la piste carrossable qui remonte vers le nord en longeant la Réserve des Impériaux. Très

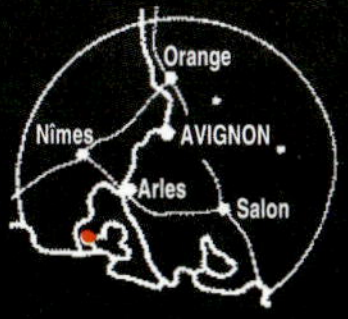

vite vous vous trouvez au milieu des marais et des étangs, un dépaysement total... Selon la saison, vous aurez la chance d'observer le va-et-vient de toutes espèces d'oiseaux vivant en liberté : canards limicoles, tadornes de Belon ou avocettes (l'hiver) qui sortent des touffes de roseaux et de salicornes ; mouettes rieuses, goélands argentés, gravelots à collier interrompu et autres chevaliers gambettes qui viennent sur les îlots au moment de la nidification ; flamants roses dressés sur une patte qui déroulent leur long cou ou décollent, planent et se posent en un ballet aérien harmonieux ; hérons qui fouillent les étangs de leur bec, pour en extraire quelques proies. Un monde fascinant à observer que seuls viennent troubler des groupes de cavaliers galopant sur leurs rapides petits chevaux blancs.

Vous passez le canal de Cacharel. Un panneau donne des informations sur la Réserve Départementale des Impériaux qui a été créée en 1964 et confiée à la commune des Saintes Maries. 80 % de sa superficie est constituée d'un étang abritant une faune aquatique très importante et dont les eaux riches en poisson sont fertiles en anguilles, muges, soles... Dans le lointain, à droite se dessine la pointe de Cacharel. Puis la piste devient digue aux bords incertains et file, solitaire et sauvage, entre les tamaris, les joncs et les genévriers. Vous n' y rencontrez plus que quelques cyclistes VTT ou cavaliers. Elle passe un peu plus loin au milieu de rizières au vert tendre et longe des roubines affectionnées par les ragondins, avant de traverser l'ancien Rhône et le canal du Château d'Avignon. A un carrefour de pistes, (fin de la piste d'accès aux véhicules au départ de Méjannes), il faut laisser à droite

S.M.

J.-M.R.

Le cheptel d'une manade vu du ciel. Un jeune camargais dans son manteau d'hiver. VTT le long de la réserve des Impériaux.

le pigeonnier des Frignants et la magnifique île de Mornès qui appartient à la réserve, puis à gauche le mas Michel, pour continuer tout droit. Après le canal Michel et le mas de Fabre, vous retrouvez les bords marécageux de l'étang de Vaccarès, étendue infinie de plus de 12 km de long, une vraie mer intérieure peuplée d'oiseaux protégés, canards, aigrettes, sarcelles, hérons, busards des roseaux et surtout un important groupe de flamants roses. Vous pouvez faire une halte pour admirer et poursuivre ensuite jusqu' au domaine de Méjannes, cet ancien mas dont les origines remonteraient au XIème siècle, qui a conservé une tour de guet. Ses arènes sont le lieu d'importantes manifestations le week-end et de spectacles taurins (corridas, courses à la cocarde, ferrades). Un petit train à vapeur offre également des circuits tout autour dans les sansouires. Le retour se fait par le même chemin : vous serez à l'affût de nouvelles rencontres avec les oiseaux en liberté.

J.-M.R.

S.M.

La bête du Vaccarès

On la rencontrait dans le bois des Rièges, dit la légende, cette sorte de monstre aux cornes de Bouc, aux sabots fourchus et à la figure d'homme...une bête qui hantait l'étang du Vaccarès. Un félibre célèbre, Joseph d'Arbaud raconte l'histoire de ce gardian du XVème siècle établi sur les bords de l'étang du Vaccarès qui rencontre cette bête étrange. Le gardian est épouvanté par sa maigreur et ses aspects diaboliques, mais touché par sa détresse et son habileté à dompter les chevaux et taureaux de Camargue. Une belle légende publiée en 1926 en Provençal sous le titre “la bestio dou Vacarès” et réédité à plusieurs reprises.

La famille des hérons

On peut se demander s'ils ne sont pas aussi liés à la Camargue que les chevaux et les taureaux tant il est fréquent d'en rencontrer le long des roubines sur les étangs ; et de là à entrer dans leur intimité, il n'y avait qu'un pas que le pélican franchit ici pour vous.
Le héron cendré *(Ardea cinerea)*, le plus connu, a en effet un long bec avec un long cou. Il niche surtout en colonies et Monsieur, pour attirer ces dames, se tient bien cambré sur ses pattes, pousse un croassement rauque, toutes plumes dehors et claque du bec. L'une d'elle est séduite... Le couple est formé qui va ensemble construire avec de grandes branches pour charpente et des brindilles, racines, poils pour le confort.
Le héron crabier *(Andeola ralloides)*. Son nid est installé à l'abri des roseaux ou en HLM. Il est l'hôte du Sud de la France de mars-avril à septembre-octobre.
Le héron bihoreau *(Nycticorax nycticorax)* discret car il chasse la nuit. Beaucoup partent en automne pour profiter du soleil d'Afrique, et viennent batifoler chez nous d'avril à juillet, pendant la saison des amours. Après les présentations d'usage, les deux partenaires passent par des préliminaires amoureux dont voici un aperçu : hérissement de plumes, claquements de becs et en offrande, des... branchages : message clair à la confection de la couche que Madame Bihoreau reçoit cinq sur cinq sans gifler Monsieur. **S.M.**

Un pélerinage célèbre

Tous les 24 mai, aux Saintes Maries de la mer, les oiseaux s'éloignent du rivage des étangs pour fuir l'agitation : c'est le début du traditionnel pélerinage des gitans. Les "pélerins" gagnent dans le bruit et le mouvement la petite cité en fête. Ils viennent de partout depuis dix-neuf siècles pour fêter leur patronne Sara qu' ils nomment aussi la kali, la noire. La légende fait d'elle la servante égyptienne de Marie Jacobé et de Marie Salomé qui après avoir été chassées de Palestine à la mort du Christ et portées par une barque sans voile ni rame, auraient été poussées par les vents et les courants jusqu' en Camargue. l'église qui leur est dédiée fut construite à l'emplacement d'une source d'eau chaude que les saintes auraient miraculeusement fait jaillir. Dans la crypte est déposée la statue de Sara, devenue, probablement depuis le XVème siècle, la patronne des gitans. Dans la chapelle haute sont déposées les reliques de Jacobé et Salomé découvertes en 1448 lors de fouilles demandées par le Roi René. Deux fois par an, aux jours anniversaires de la mort des saintes, les 25 mai et 22 octobre, d'importantes manifestations ont lieu. Le 24 mai, veille de la fête, les gitans portent en procession la statue de Sara jusqu' à la mer. Le lendemain, une barque rituelle où ont pris place aussi les statues de Jacobé et salomé est à son tour transportée à travers toute la ville jusqu' à la plage où le prêtre bénit la mer. Ensuite peut commencer la grande fête des Gitans et de la Camargue qui dure deux jours et deux nuits...au son des guitares et des chants qui accompagnent les danses.

J.-M.R.

J.-M.R.

32 LA DIGUE A LA MER
Des Saintes-Maries-de-la-Mer au Phare de la Gacholle

A 75 km au Sud-Ouest d'Avignon, un long parcours au coeur des lagunes de la Réserve Nationale de Camargue, haut lieu de découverte de la nature et des oiseaux en liberté

fiche technique

Longueur : 15 à 20 km
Dénivelé : 0 mètre
Durée : de 4 h à 6 h
Difficulté : longueur, moustiques (en mai et septembre), soleil (l'été), mistral, absence d'eau
Période : toutes saisons (l'été, éviter les heures chaudes)
Equipement : randonnée légère, eau (indispensable), jumelles
Point d'eau : Saintes Maries
Balisage : panneaux
VTT : (locations faciles aux Saintes)
Carte Michelin : n° 83 pli 19 et IGN 1/100 000 n° 66 pli 7
Carte IGN : 1/25 000 n° 2944 Est et 2944 ouest

itinéraire d'accès

A la sortie d'Arles, prenez la D 38 en direction des Saintes- Maries-de la-Mer et traversez le village vers les plages de l'Est. Stationnez après le guichet de péage, sur un des parkings encore autorisés avant la zone protégée de la digue, par exemple au bout de la longue baisse du Radeau.

description

Vous empruntez la digue qui suit le littoral et s'en éloigne légèrement. Construite au siècle dernier à 1,50m au-dessus des marais pour empêcher la mer d'envahir le delta du Rhône, elle est recouverte de galets et souvent bordée de clôtures de piquets en

CB

Le phare de la Gacholle.

bois caractéristiques appelées ganivelles. La piste longe la baisse du Mouillot à gauche et celle de la Blancarde à droite, avant d'arriver au pont de Rousty, lieu d'entrée dans la zone protégée de la Réserve Nationale de Camargue(1). Un panneau donne toutes explications et consignes à respecter : vous apprendrez ainsi que l'accès des dunes vous est interdite à cause de leur fragilité mais que la digue en revanche vous est ouverte, que vous soyez piéton ou cycliste VTT. Vous passez d'abord dans les ta-

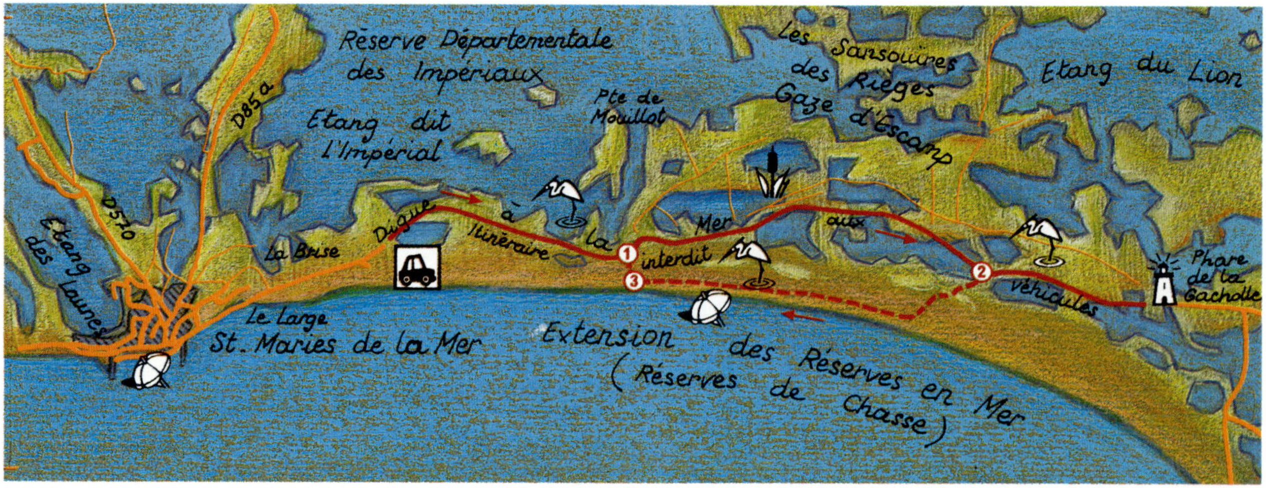

CB

La pêche aux tellines

Les tellines sont des petits coquillages qui se pêchent dans le sable, à un endroit où la mer est peu profonde. Les pêcheurs de tellines, appelés souvent “telliniers” tirent une drôle de cage en grillage, ouverte aux deux extrémités : à l'avant des dents ratissent le sable, à l'arrière un filet recueille les tellines. Le tout est ensuite passé dans de grands tamis qui ne gardent que les grosses tellines, rejetant les petites à la mer pour qu' elles puissent se reproduire. Ces coquillages ont beaucoup de succès. On les déguste en apéritif ou en entrée avec divers accommodements, l'ail, le persil, la tomate etc... La telline est une vraie spécialité camarguaise.

CB

La digue à la mer.

maris puis longez les étangs des Batayolles. Devant vous s'étendent lagunes et marais à perte de vue, horizon immense, univers infini entre terre et ciel... Vous allez vivre au rythme de vos rencontres : ici un regroupement de flamants roses, là un vol de mouettes rieuses ou d'aigrettes, plus loin, l'atterrissage d'un héron cendré, ou le plongeon d'un canard (en hiver). Un spectacle qui sans cesse se renouvelle ! Vous atteignez le panneau vert et blanc qui signale le chemin des Douanes (2) permettant un retour par la plage. Si vous en avez le courage, vous le dépassez pour aller jusqu' au phare de la Gacholle, que vous apercevez à l'horizon à 2 km environ planté au milieu des étangs. Extrémité de la balade, il est surtout un point stratégique comme le sont un peu plus loin les phares de Beauduc et Faraman.
Le retour peut se faire par le même chemin, magnifique si vous le faites au coucher du soleil. Par temps sec vous apprécierez de revenir par le cordon littoral. Pour cela, vous retournez au panneau de l'ancienne douane (2) où vous apercevez vers la mer une tour d'observation et vous descendez à la plage par le sentier douanier. Il traverse une sansouire de salicornes peuplée d'oiseaux comme l'alouette ou la bergeronette et longe les dunes de la Foux Vieille. Entre la mer et les étangs, vous empruntez le cordon littoral, une langue de sable assez dur pour être praticable même en VTT (sauf quand les tempêtes l'ont inondé). Vous longez la longue Montille et les dunes qui au printemps se couvrent de fleurs. Le sable est jonché de coquillages, comme ceux ramassés par les pêcheurs de tellines que vous rencontrerez peut-être les pieds dans l'eau. La mer est survolée par des oiseaux, dont certains migrateurs, qui viennent ensuite se poser sur la plage. Vous arrivez à la lisière ouest de la réserve, clairement balisée de ganivelles en bois de châtaignier (3). Vous pouvez alors remonter sur la digue à la mer qui vous ramène aux Saintes Maries.

A 72 km au sud d'Avignon, un parcours sur les digues qui mènent au lieu d'observation des flamants roses juste en face de leur îlot ; un retour possible par un site pittoresque et l'extrémité orientale de la digue à la mer : une balade inoubliable.

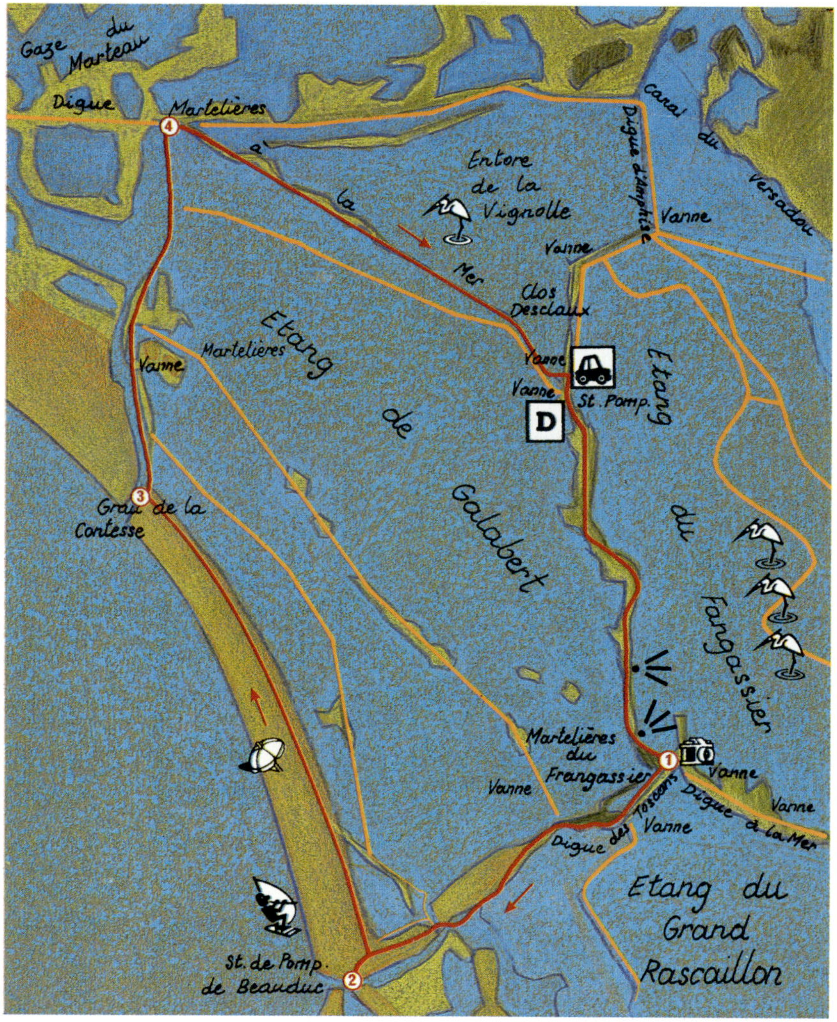

fiche technique

Longueur : 7 km (option courte) ,
15 km (option longue)
Dénivelé : 0 mètre
Durée : 2 h 30 (option courte), 5 h (option longue)
Difficulté : vent, soleil, moustiques, digues, plages parfois inondées.
Période : toutes saisons, spécialement de mars à fin juillet pour l'observation des flamants.
Equipement : randonnée légère, eau (indispensable), jumelles
Points d'eau : aucun
Carte Michelin : n°83
Carte IGN : 1/100 000 n° 66 pli 8
Carte IGN : 1/ 25 000n° 2944 Est Salins de Giraud, Etang de Vaccarès
VTT
Recommandation : des toros agressifs d'une manade (sélectionnés pour la corrida) ont fait leur apparition dans le secteur. Si vous les rencontrez, même à distance, rebroussez chemin calmement. (Pour tous renseignements sur leur localisation, s'adresser auparavant à la Capelière).

itinéraire d'accès

A la sortie d'Arles, prenez la D 570 en direction des Saintes-Maries-de-la-Mer et après 2,500 km, la D 36 à gauche vers les Salins-de Giraud et Sambuc. Faites 5 km et prenez à droite la D 36b vers Gageron et l'étang de Vaccarès. A un croisement après Villeneuve, continuez tout droit. vous longez l'étang de Vaccarèset passez devant le centre d'information de la Capelière à gauche, où un arrêt peut vous être profitable. (Géré par la société nationale de Protection de la Nature depuis 1927, ce centre accueillant

vous donnera toutes informations sur les meilleurs lieux d'observation des oiseaux). Laissez à gauche la petite route du centre d'écologie de la Tour de Valat. Allez jusqu' à Salin de Badon, puis tournez à droite vers la Digue-à-la-mer en laissant la D 36 partir à gauche vers les Salins de Giraud. Stationnez au niveau de la station de pompage où de gros blocs de pierres empêchent le passage des voitures.

description

Vers les Martelières du Fangassier (AR) : option courte.

Vous prenez tout droit la digue qui sépare les étangs du Fangassier et de Galabert. Le chemin surélevé est bordé de sansouires, ces étendues de terre immenses, colonisées par les salicornes et les saladelles aux mille nuances de couleurs. Vous pourrez peut-être y rencontrer des avocettes, ces grands échassiers au bec recourbé et plusieurs sortes de canards. Votre regard est vite attiré par les flamands roses de plus en plus nombreux, au fur et à mesure de votre progression, à survoler les étangs. A 3,5 km environ, vous apercevez de l'autre côté de la lagune, l'îlot sur lequel ils sont tous rassemblés. Un lieu a d'ailleurs été spécialement aménagé aux Martelières du Fangassier pour les observer : une maison mobile ouverte entre mai et fin juillet pour l'accueil et l'information du visiteur. Vous allez admirer le ballet incessant de ces milliers d'échassiers évoluant avec harmonie : ils décollent, planent en escadrille ou atterissent sur leur longues pattes, tandis que d'autres s'adonnent à la pêche, fouillant de leur gros bec la

CB

B.P.

Marais saumâtres aux abords de l'étang du Fangassier, algues flottantes et sansouires.

Conversation de flamants : "Qu'est-ce que tu as toi, qu'est-ce que tu nous veux avec tes grands airs ?"... Y aurait-il encore une histoire de femelle là-dessous ?

J.-M.R.

Sur les pas de Mireille

A côté du phare de la Gacholle, au lieu dit "la Comtesse", le poète Frédéric Mistral situe un épisode de la vie de son héroîne. Venant de La Crau à pied pour aller retrouver son vannier, Mireille y arrive épuisée par le soleil et la fatigue. Elle est réveillée de sa torpeur par une nuée de moustiques, et voit en rêve les 3 Saintes qui l'encouragent et la soutiennent. Elle marchera jusqu' aux Saintes Maries de la mer, où elle mourra dans les bras de son Vincent. Mireille y a sa statue, offerte par la veuve du poète. Chaque année, la fête de la Maintenance lui est dédiée. Gardians et Manadiers à cheval portant les Arlésiennes en croupe se rendent en cortège déposer une gerbe devant la statue de Mireille et danser la farandole au son des tambourins.

vase de la lagune. Un spectacle captivant et irréel. Quand le soleil s'embrase le soir sur leurs aîles roses déployées, c'est un émerveillement ! On resterait des heures à contempler... Après une longue halte pour admirer, vous revenez par le même chemin ou poursuivez la balade.

Vers Beauduc et "la comtesse": option longue

Vous prenez à droite la digue des Toscans (1) route sablonneuse et quelque peu défoncée.A moins d'1 km ellerencontre sur la droite la digue (fermée au public) de l'étang de Galabert, puis se dirige vers Beauduc qu' elle atteint au bout de 2,5 km(2). C'est un coin pittoresque où toutes sortes de caravanes cotoient d'anciens cabanons, lieu apprécié des campeurs et des véliplanchistes, cher également aux amateurs de solitude et de silence. Après une pause pour explorer ce bout du monde, vous remontez vers le Nord par la plage qui longe l'étang de Galabert : un peu plus de 3 km de sable à parcourir en bord de mer, où votre solitude et votre ivresse ne seront distraites que par le vol de quelques oiseaux marins, fous de Bassan, Goélands et différentes espèces de Sternes, grands pêcheurs en mer. Arrivé au Grau de la Comtesse,(3) vous remontez sur la digue qui se dirige vers le Nord. Vous dépassez une première vanne, croisez la digue de l'étang de Galabert, et passez une seconde vanne avant d'arriver au parking de la Comtesse situé à l km du phare de la Gachole (un détour possible). Il vous reste à redescendre à la station de pompage en empruntant à droite la digue à la mer (4) : un parcours de 3 km entre les ganivelles et une floraison magnifique d' immortelles jaunes d'or et lys des sables blancs au printemps, euphorbe jaune et panicaut vert en été, que survolent toujours les grands oiseaux d'eau...

Une île pour les flamants roses

A la suite de mauvaises années de reproduction des flamants, les biologistes de la Tour de Valat ont construit sur une lagune qui peut être remplie ou vidée à volonté, un îlot artificiel qui peut accueillir chaque année 20 000 couples de flamants roses. Durant la période de nidification, d'avril à juillet, la colonie est gardée jour et nuit par les agents chargés de la protection de ces espaces. Une tour de 4,5 m de hauteur a même été construite à proximité pour mieux observer le comportement des oiseaux. On a appris ainsi que les flamants ne nichent pas avant l'âge de 4 ans, parfois seulement 6 ou 8 ans et que les 2 parents participent à l'incubation de l'oeuf. Le baguage des poussins a permis de suivre leurs déplacements, certains jusqu' au Sénégal ! Autrefois migrateurs, habitués à passer l'hiver en Afrique, il semble que certains flamants trouvent actuellement sur cet îlot artificiel qui leur a été construit en basse Camargue, des conditions de nidification très favorables, les incitant à rester sur place. Une chance pour la Camargue dont le flamant rose reste le symbole et le meilleur ambassadeur.

PNRC

Le Flamant rose

Perché sur ses longues jambes rose vif, il a un corps assez gros et un cou flexible terminé par un bec bossué rose à la base et noir à la pointe. Son oeil est jaune vif. En vol, il laisse voir le dessous de ses aîles d'un rouge carmin contrastant avec le noir profond des rémiges. Il remue sans cesse la vase des étangs pour y pêcher sa nourriture, minuscules crustacés, algues, petits vers...
Les grandes parades nuptiales réunissent dès la fin mars, les flamants adultes en un ballet spectaculaire. Avant de pondre, les flamants construisent un nid, petit monticule de boue de forme conique qui émerge au-dessus de l'eau. l'oeuf unique est couvé pendant un mois environ à partir d'avril mai, alternativement par le mâle et la femelle, jusqu' à son éclosion. Le poussin recouvert d'un duvet foncé est d'abord nourri par un lait coloré qui coule du bec des parents. Trois semaines après sa naissance, il commence à chercher sa nourriture dans l'eau peu profonde, sous la surveillance des adultes. Au bout de deux mois et demi il est prêt à prendre son envol.

SM

SM

L'aigrette

En fait, la Camargue accueille deux espèces : l'aigrette garzette *(Egretta garzetta)* et la grande aigrette *(Egretta alba)*, deux fois plus grande et embellie, pendant la saison des amours, de plumes dans le dos, pouvant atteindre jusqu'à 50 cm de long.
L'aigrette garzette, blanche elle aussi, est ornée de deux ou trois longues plumes sur la tête en période nuptiale et ceci sans discrimination de sexe. Monsieur et Madame sont aussi bien pourvus l'un que l'autre. Mais voici que ces magnifiques atours n'ont pas fait que séduire les congénères. Vous avez sûrement en mémoire des portraits d'élégantes du XIXe siècle portant précisément ces fameuses plumes blanches. Heureusement les modes passent et les hommes, parfois, prennent conscience de leurs abus. L'aigrette garzette est de nouveau très fréquente dans tout le sud de l'Europe et plus particulièrement en Camargue.

S.M.

Des garrigues entrecoupées de vallées profondes.

Entre la montagne des Cévennes et la plaine méditerranéenne, se trouve une vaste zone de plateaux calcaires, les garrigues. Elles sont sillonnées de rivières qui y ont creusé par endroits des canyons spectaculaires dont les falaises à-pic sont percées de grottes et de trous.

Le Gardon, la Cèze, l'Ardèche sont des exemples de rivières au cours tumultueux, mais voies de communication entre les Cévennes et la vallée du Rhône. Elles coulent en bordure de villages pittoresques et témoignent d'un passé très ancien : grottes préhistoriques, menhirs, oppida, ouvrages Romains prestigieux, comme le Pont du Gard, souvenirs du Moyen Age, châteaux forts, chapelles romanes.

"Garric", l'arbre du rocher, le chêne, aurait donné son nom à ces zones calcaires. Les garrigues sont des plateaux peu élevés (200 m), à l'origine domaines des chênes-verts et des pins d'Alep. Ces régions forestières ont été intensément occupées et exploitées par l'homme jusqu'au milieu de ce siècle, pour le bois de feu, l'écorce à tan (tannins) et le pâturage. Le chêne-vert demeure abondant, mais les incendies successifs ont dégradé ses peuplements. Des plantes vivaces mieux adaptées à la pauvreté des sols calcaires et à la chaleur sèche de l'été sont venues occuper le terrain : végétation utile pour fixer les sols et les retenir dans les gros orages. Ces terres doivent subir un climat contrasté : résister au soleil et au vent, aux rigueurs des hivers et aux pluies torrentielles de l'automne. Chênes kermès, arbousiers, genêts épineux, argelas, cade, pistachiers térébinthe envahissent les terres des plateaux. Au printemps la garrigue se couvre de fleurs, cistes aux corolles roses ou mauves, coronilles aux pétales jaunes, chêvrefeuille rose et blanc, iris nains jaunes et bleus. Le tapis multicolore mêle ses parfums subtiles à ceux des plantes aromatiques : romarin, thym (ou farigoule), lavande, dont les essences sont précieuses pour la santé, la table, la médecine douce, et la parfumerie.

Dans les zones sauvages et boisées vivent le renard, le putois, l'écureuil, le sanglier ; on trouve plusieurs dizaines d'espèces d'oiseaux (pie, merle, pinson...) ; parmi les reptiles, le grand lézard ocellé, le lézard vert et la couleuvre de Montpellier. Des papillons variés survolent la rivière du Gardon poissonneuse à souhait : goujon, perche, tanches, truites. Et dans les trous des rochers qui dominent les gorges, se nichent des rapaces, tels le Vautour Percnoptère, l'Aigle de Bonelli et le Circaete Jean le Blanc sans compter les chauve-souris pipistrelles.

A l'écart des grands axes, les gorges comme celles du Gardon gardent un caractère sauvage, inviolé. Seuls quelques sentiers discrets en longent les rives. Ces lieux reculés se visitent à pied. Partons à la découverte des secrets que la nature voudra bien nous y révéler.

J.-M.R.

L'iris nain (Iris chamaeris).

J.-M.R.

J.-M.R.

ASB

J.-M.R.

J.-M.R.

Une abbaye troglodytique

(balade suivante)

Une butte calcaire hérissée de pins verts au sommet d'une colline, c'est le décor choisi par Saint Roman ou ses disciples au Vème siècle, pour installer un monastère, aujourd'hui l'un des plus anciens connus. Les moines taillèrent entièrement le rocher pour y installer l'abbaye tandis que des ermites s' établissaient sur les collines voisines. Transformée au XVIème Siècle en forteresse, l'ancienne abbaye fut couronnée par un Château à son étage supérieur. Aidée par une association de bénévoles, la Société d'Histoire et Archéologie de Beaucaire s' est attachée à sauvegarder ce site unique.

La visite commence par la chapelle, une grotte naturelle où l'on peut encore voir le tombeau de St Roman et le siège abbatial. Elle continue par les cellules des moines, les réfectoires, les citernes creusées dans le rocher. Le toit-terrasse, véritable cimetière des moines, avec des tombes directement taillées dans la roche calcaire, offre aussi un coup d'oeil superbe sur la basse vallée du Rhône. Les restes de l'abbaye et les sépultures romaines sont inscrits à l'inventaire des Monuments Historiques.

L'intérieur de l'abbaye troglodytique de Saint-Roman.
Les fleurs de la garrigue :
Ⓐ *l'arum (Arum italicum)*
Ⓑ *le nuscaris à toupet (Muscari comosum)*
Ⓒ *l'Euphorbe characias (Euphorbia characias)*
Ⓓ *la gueule-de-loup ou grand muflier (Antirrhinum majus)*
Ⓔ *l'asphodelle (Asphodelus albus)*
Ⓕ *la coronille (Coronilla emerus emeroides)*
Ⓖ *le ciste cotonneux (Cistus cripus).*

34 LES TROIS COLLINES DE SAINT ROMAN

Le Rocher de Triple levée, la table de l'Aiguille, l'abbaye de Saint Roman

A 28 km au Sud-Ouest d'Avignon, une promenade dans la garrigue à la découverte des 3 collines de Triple Levade et surtout de l'abbaye troglodytique Saint Roman creusée au sommet d'un éperon rocheux. Un site historique unique.

fiche technique

Longueur : 7 km
Dénivelé : 150 m
Durée : 2 h (sans compter la visite de l'abbaye)
Difficulté : néant, prudence sur les sommets par temps de mistral
Période : toute l'année (l'abbaye de Saint Roman est ouverte tous les week-end, jours fériés et vacances scolaires l'après-midi ; l'été tous les jours sauf lundi et mardi. Se renseigner au 66 59 10 06).
Equipement : randonnée légère
Balisage : jaune (PR), rouge et blanc (GR)
Carte Michelin : n° 80 pli 20
Carte IGN : 1/25000 n° 2942 Est Beaucaire Tarascon

itinéraire d'accès

En quittant Avignon, traversez le Rhône et prenez en rive droite la route d'Aramon et Beaucaire (D2) qui longe le fleuve. Laissez le village d'Aramon sur votre droite et passez devant la centrale EDF. Au barrage de Vallabrègue tournez à droite et prenez à gauche la D 986 vers Beaucaire, puis tout de suite à droite la voie goudronnée de Saint Roman. Garez-vous au parking de l'abbaye (gratuit).

CB

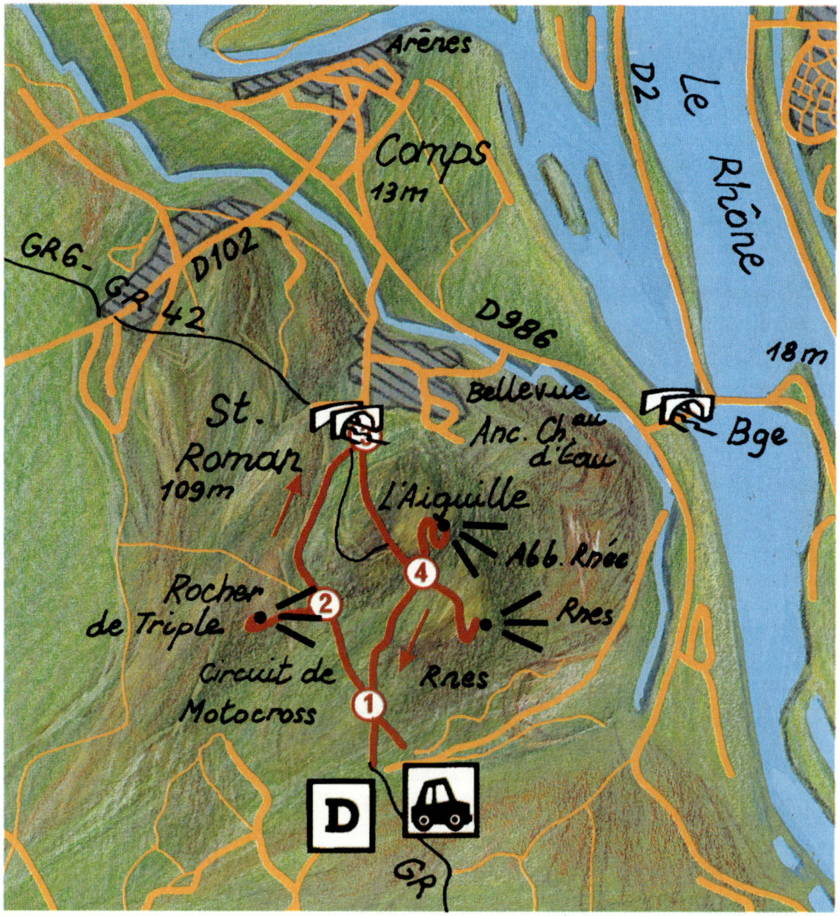

description

Vous vous dirigez vers l'abbaye par le GR 6 ou par la piste et passez une barrière verte. Une centaine de mètres après, une borne vous invite à quitter la voie

principale pour emprunter à gauche (1) le chemin de l'aqueduc. Il se dirige vers la colline du rocher de Triple Levée qu' il va longer. Vous négligez quelques sentiers à gauche et gagnez le pied de la colline. Là, vous prenez pratiquement à angle droit (2) un raidillon vaguement balisé jaune à terre, qui se faufile à gauche dans les chênes kermès et les pins vers le sommet coiffé de gros blocs de rochers. Certains auraient paraît-il servi de lieu d'habitation. La vue s' étend sur l'abbaye de Saint Roman perchée sur la colline en face, le Rhône et le barrage de Vallabrègue. Les plus téméraires peuvent escalader prudemment les rochers : au niveau d'un pin, un point jaune montre un itinéraire possible d'accès au sommet par des marches grossières. Vous redescendez par le même chemin, pour vous engager à gauche sur la piste menant à l'aqueduc. Celui-ci acheminait l'eau encore récemment jusqu' à Nimes. Quand vous êtes arrivé face à lui (3), vous suivez le sentier du GR (rouge et blanc) et du PR (jaune) qui s' élève sur la colline à droite et bifurque assez vite à gauche. Il traverse un taillis de chênes avant de déboucher sur la piste de l'Aiguille. Vous remontez à gauche cette voie qui se faufile entre des rochers et d'anciennes habitations d'ermites. Vous gagnez le sommet de l'Aiguille où se trouve la table d'orientation, véritable belvédère sur le Rhône, sa vallée et l'abbaye de Saint Roman perchée au sommet de l'éperon rocheux en face. Vous redescendez de cette seconde colline jusqu' à la large piste (4) qui mène à l'abbaye troglodytique de Saint Roman. Une visite de ce site unique s' impose. Vous trouverez toutes informations et documentation à la maison d'accueil au pied de l'abbaye (droit de visite). La piste vous ramène au lieu de départ.

ASB

ASB

Différents aspects de l'abbaye troglodytique de Saint-Roman avec, sur la terrasse surpomblant la vallée du Rhône, des tombes des moines creusées à même la roche.

ASB

35 LE PONT SAINT NICOLAS

le pont Saint Nicolas, le village deVic, le site préhistorique du Castellas

(avec en option la Baume Latrone et les ruines du Moulinas)

A 40 km à l'Ouest d'Avignon, une balade sur les plateaux calcaires de Saint Nicolas vers les falaises truffées de grottes du Castellas, où le Gardon a creusé un canyon aux courbes majestueuses. Un parcours sur les pas des premiers hommes, à faire au printemps quand la garrigue en fleurs exhale tous ses parfums

fiche technique

Longueur : 10 km (+ options facultatives)
Dénivelé : 100 m
Durée : 3 h (+ options facultatives)
Difficulté : aucune (des endroits escarpés aux abords des falaises du Castellas et des pas délicats dans les parcours à options).
Période : demi-saison, hiver
Equipement : randonnée légère
Point d'eau : à Vic
Balisage : rouge et blanc (GR 63, GR 6)
Carte Michelin : n° 80 pli 19
Cartes IGN : 1/25000 n° 2941 Ouest et 2942 Ouest

itinéraire d'accès

Prenez la N 100 jusqu'à Remoulins, puis à droite la D 91 vers Uzès, que vous quittez pour prendre à gauche la D 112 vers Collias. Dans Collias, dirigez-vous à droite vers Sanilhac puis le pont Saint Nicolas et stationnez avant le pont sur la droite.

description

Vous irez d'abord jeter un coup d'oeil sur le pont Saint Nicolas qui enjambe le Gardon. Sa grande originalité est d'être commandé par un prieuré du XIIème siècle fondé par Saint Nicolas de Campagnac, un bel ensemble comprenant une église romane avec une abside circulaire et un clocher à tour carrée. Du pont on découvre une vue intéressante sur l'enfilade des gorges et les plateaux calcaires que vous allez parcourir.

Tournez lui le dos et revenez sur vos pas pour trouver à 200 m environ, (juste après le transformateur), le chemin du GR 63 (rouge et blanc) qui à gauche quitte la route de Nimes à Uzès. Il se dirige à l'ouest vers la commune de Vic en laissant à droite, sur une colline, le hameau de Campagnac.Vous allez suivre le GR jusqu' au village aperçu au loin, en marchant entre les vignes et les champs cultivés. Après avoir dessiné une grande boucle, il emprunte à gauche un sentier pierreux en sous-bois (1), qui débouche entre deux murs sur les premières maisons. Vous passez à gauche sous un ancien porche et continuez vers la place de l'église puis au-delà. Un peu après la sortie du village, vous quittez la route goudronnée pour suivre le sentier du GR 63 qui s' élève sur la colline en face (2). En vous retournant, vous pouvez admirer les toits de l'église et des maisons qui se superposent. En-haut vous croisez un chemin et continuez tout droit votre marche vers le sud. Le sentier herbeux s' élargit et les

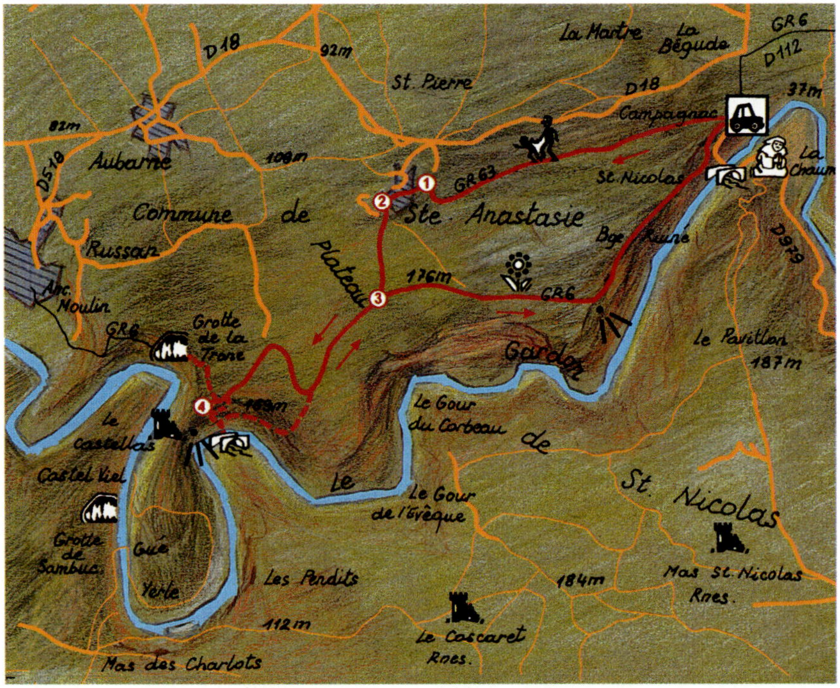

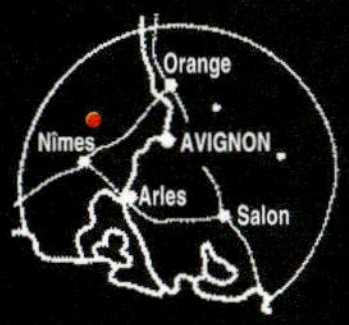

pierres affleurent à la surface du plateau. A un croisement de pistes, vous rencontrez le GR 6 venant du pont Saint Nicolas (notre chemin de retour) (3). Vous empruntez à droite sa large piste qui serpente dans des landes couvertes de kermès, de buis, et de thym. Au printemps les parfums se mêlent en une débauche de couleurs : les globulaires bleues fleurissent en premier, puis les cistes déploient leurs corolles roses et mauves à perte de vue et de petits iris violets et jaunes surgissent à ras de terre tapissant le sol tandis que les genêts s'habillent d'or. Les premières falaises apparaîssent derrière quelques taillis de chênes-verts. Juste avant de rejoindre la large piste carrossable venant de Russan et fermée par une chaîne, vous coupez une boucle de la route en empruntant sur la gauche dans les kermès un sentier qui rejoint la piste et mène au site du Castellas. Vous apercevez l'éperon rocheux surmonté de quelques vestiges, qui domine les gorges du Gardon. Lieu préhistorique et site d'Oppidum gallo-romain, il fut aussi couronné d'un château féodal qui aurait été rasé au moment des guerres de religion. Plusieurs grottes ayant servi d'abri depuis la Préhistoire ont été répertoriées dans ce secteur. Vous arrivez au pied du promontoire au bord des falaises escarpées (4) : découvrez le site en restant vigilant. Du promontoire la vue par beau temps s'étend jusqu' aux Cévennes et au mont Bouquet, sommet de la garrigue nimoise. Le Gardon dessine en-dessous une boucle majestueuse, immense méandre qui a été creusé dans le défilé calcaire. Rivière capricieuse, il peut charrier des pluies torrentielles ou être complètement à sec une partie de l'année, ce qui offre aux randonneurs l'occasion de s'aventurer à pied sec dans le fond des gorges

Le pont Saint-Nicolas et le prieuré.
Une baume dans la falaise du Castellas qui surplombe le Gardon.

La descente vers le Moulinas et le fond des gorges. La Baume Percée et son œil de bœuf.

entre Dions et Saint Nicolas.
Deux possibilités de découvertes facultatives vous sont proposées au départ du Castellas :

Le Moulinas : 110 mètres de dénivelé pour atteindre le fond des gorges (45' AR).

Du pied du Castellas, revenez vers la chaîne (qui empêche le passage des voitures venant de Russan). Une vingtaine de mètres avant, vous trouvez à droite une sente qui se dirige vers les falaises. (Une indication "falaises" se trouve sur une pierre un peu plus loin). Elle passe à l'extrémité d'une petite barre rocheuse et longe à droite le pied des falaises. Par ce sentier ou par un autre aussi escarpé qui sillonne le versant, vous descendez en direction des ruines du Moulinas aperçues au bord du Gardon. La descente est très raide. En bas vous vous frayez un chemin dans la végétation pour approcher des ruines et découvrir le site. Vous remontez tout droit en vous dirigeant par un sentier vers la vaste baume qui surplombe le Moulinas. Puis vous allez longer le pied des falaises, cette fois-ci à droite, occasion d'observer les exploits des amateurs d'escalade. Les parois de Russan de renommée internationale ont été gravies par les meilleurs grimpeurs. Vous passez devant la Baume Percée, un immense abri sous roche dont la toiture ouverte laisse entrevoir le ciel. Vous longez une dernière barre rocheuse avant de sortir à son extrémité. Arrivé sur le plateau, le grand pin parasol vous sert de guide : par un sentier vous vous dirigez jusqu' à lui pour retrouver le chemin du GR 6.
Le retour se fait par le GR 6 jusqu' au pont Saint Nicolas. Au niveau du pin parasol, une première intersection puis une deuxième vous invitent à prendre à gauche en suivant toujours les balises rouges et blanches. Arrivé à 1km de Vic, vous laissez à gauche le sentier qui descend au village (GR 63) (3), pour suivre le GR 6 qui se dirige plein Est vers les rives du Gardon qu' il surplombe. En vous approchant prudemment du bord de la falaise vous pouvez admirer l'enfilade des gorges. La roche sur laquelle vous marchez est curieusement percée de mille trous aux arètes vives sur lesquelles il n' est pas confortable de poser le pied. Vous descendez par un sentier en corniche au-dessus du canyon : le paysage est magnifique et sauvage. Vous apercevez dans son décor de garrigue le pont Saint Nicolas qui enjambe la rivière de ses sept arches. Tout près vous remarquez une curieuse arche percée adossée à la falaise. Vous remontez le sentier à gauche pour rejoindre le lieu du départ.

La grotte de Baume Latrone : (1,200 km AR ; 1/2 heure).

Poursuivez votre cheminement sur le sentier du GR et du PR en direction de Russan. A 600 mètres environ, au-dessus d'une autre boucle du Gardon, une grande croix bleue signale à droite la présence d'une première grotte (qui s'ouvre sur un long tunnel en pente). En descendant une sente légèrement en-dessous du sentier, un autre orifice permet d'accéder par un petit pas délicat à droite sur du rocher patiné, à une autre cavité impressionnante : l'abri préhistorique de Baume Latrone ou grotte des voleurs qui par des labyrinthes communique avec la grotte de Saint Joseph et celle des Frères. Au fond de la grotte à gauche, une porte verrouille l'entrée d'une galerie de 250 m qui renferme des peintures rupestres d'animaux réalisées

Un détail de la grotte vieux de plus de 20000 ans.

Yves Garcin

il y a plusieurs milliers d'année, une fresque unique au monde ! Après des déprédations, les autorités ont dû en fermer l'accès, mais la municipalité de Sainte Anasthasie organise régulièrement des visites guidées de cette merveille archéologique.

ASB

Une découverte exceptionnelle

En 1940 de jeunes lycéens nimois passionnés d'archéologie découvrent au fond de la galerie de la Baume Latrone, en faisant sauter un gros bouchon d'argile, un long tunnel escarpé jonché de squelettes d'animaux. Tout au bout, une grande salle offre le spectacle fantastique d'un plafond incliné portant des dessins stylisés d'éléphant, mammouth, cheval, félin, une fresque de neuf figures animales tracées avec des doigts enduits d'un argile trouvé un peu plus loin. Un véritable trésor ! Le secret ne sera pas gardé longtemps. Des spécialistes de la Préhistoire dépêchés sur place authentifient le contenu de le grotte et les peintures qu' ils estiment des plus anciennes connues (-20 000 ans) et donc nettement antérieures à celles de Lascaux (-13.000 ans) découvertes à la même époque. Les gisements d'art pariétal sont très rares et celui de Baume Latrone serait le plus beau de la région. d'autres traces ont été découvertes dans la Baume, empreintes de sabots, griffades d'ours, traces de doigts et de mains, qui témoignent de son occupation par l'homme et l'animal. Le succès de la grotte fut tel qu'il fallut se résoudre à la fermer pour la sauvegarder et la restaurer. Les autorités étudient à l'heure actuelle un nouveau projet d'ouverture de ce site archéologique unique pour les amateurs. Des visites guidées sont déjà organisées par la municipalité de Sainte Anastasie. Pour tous renseignements, téléphoner au 66 81 01 58.

J.-M.R.

L'entrée de la Baume Percée.
Les parois d'escalade de Russan sont de renommée internationale.

36 LES GORGES DU GARDON
Collias, l'ermitage de Saint Vérédème, la grotte de la Baume

A 33 km à l'Ouest d'Avignon, une promenade le long du Gardon jusqu' au site préhistorique de la Baume et après la traversée d'une grotte-tunnel, un retour par la garrigue. Un parcours varié sur les pas des premiers hommes.

fiche technique

longueur : 11 km
Dénivelé : 140 m
Durée : 4 h
Difficulté : un sentier rocheux : petite escalade facile
Période : toutes saisons, sauf les périodes de crue du Gardon
Equipement : randonnée légère, lampe de poche
Point d'eau : Collias
Balisage : orange, rouge, rouge et blanc (GR 6)
Carte Michelin : n° 80 pli 19
Carte IGN : 1/25000 n° 2941 Ouest Uzès

itinéraire d'accès

D'Avignon, traversez le Rhône et prenez la N 100 vers Nimes. A Remoulins empruntez la D 981 direction Uzès. Après 6 km, prenez à gauche la D 112 jusqu' à Collias. Dirigez-vous vers la rivière du Gardon et garez-vous au parking du "kayak vert" (location de kayak) (payant en période estivale).

description

Empruntez une large piste qui longe le Gardon vers l'ouest et passe sous le pont de Collias. Très vite à droite vous remarquez des silhouettes colorées agrippées aux parois des rochers. C'est l'école d'escalade. Le chemin sablonneux, balisé par quelques points oranges, serpente le long de la rivière, passant au fil de l'eau et jouant à cache-cache dans les sous-bois. Ne vous éloignez pas trop des bords du Gardon. Vous allez passer sur des dalles de rochers plats creusés par l'érosion et longer à droite d'imposantes falaises percées de grottes. La rivière dessine une large boucle au niveau du hameau de la Baume où existaient encore il y a peu de temps un moulin, une auberge et un ermitage. Une belle plage incite au repos et à la baignade, (attention, les résurgences expliquent la fraîcheur de l'eau et la présence de courant), tandis que plus en amont des canoés tentent l'été de passer quelque rapide. En progressant le long de la rivière vous rencontrez un sentier en oblique à droite (1) qui mène à un esca-

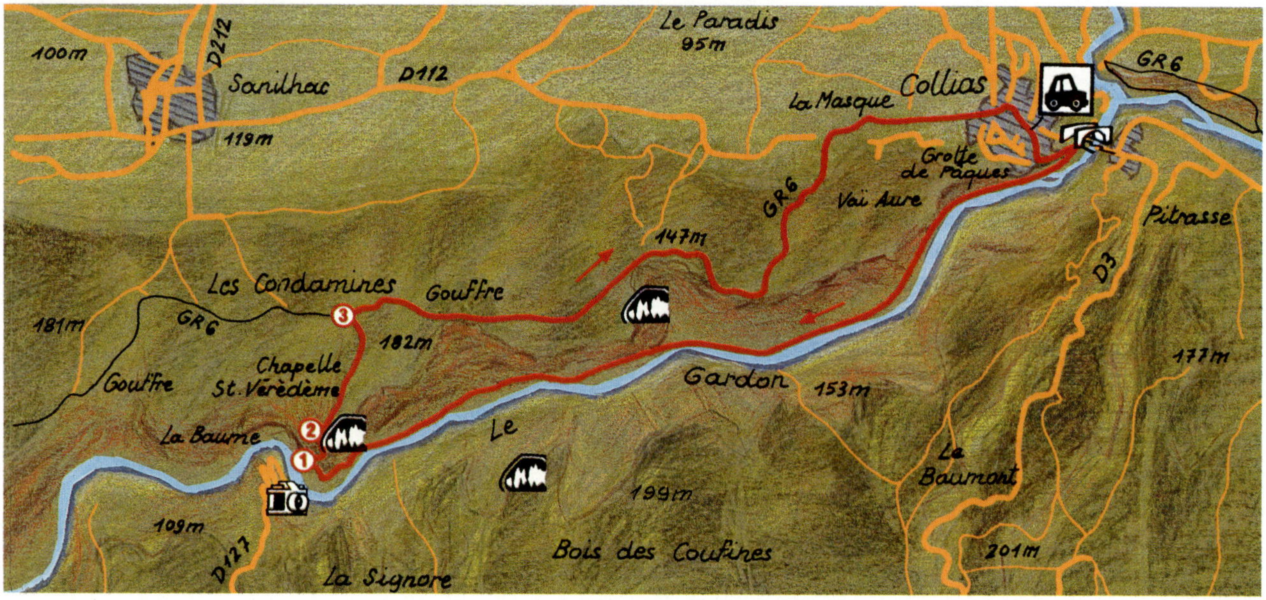

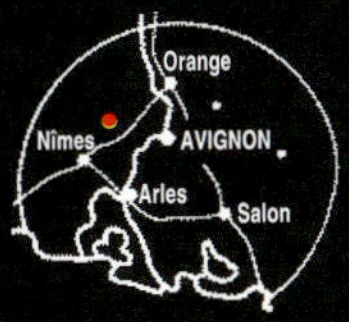

ASB

ASB

lier. C'est le chemin d'accès à l'ermitage que vous apercevrez au-dessus. Vous y montez et longez la falaise prudemment à droite par un sentier en corniche un peu escarpé qui domine le site de la Baume. Vous passez une grille et gravissez quelques marches avant d'arriver à l'entrée de la grotte-tunnel. La lumière des torches est indispensable pour progresser sur le sol très irrégulier car l'obscurité se fait totale sur quelques mètres en raison de la courbe dessinée par le tunnel . Il est plus facile de marcher en se guidant au mur de droite. A la sortie, il faut prendre tout de suite à gauche (2) pour escalader le sentier rocheux jusqu' en haut. Montez tout droit vers le Nord en suivant les points rouges et évitez de vous laisser tenter par des sentiers à droite ou à gauche. Au sommet, la vue s' étend sur le site de la Baume au bord du Gardon avec en toile de fond les méandres de la route de Poulx qui servit de décor au film "Le Salaire de la Peur". En suivant toujours les points rouges, vous traversez un sous bois où des sangliers ont laissé dans la terre retournée leurs empreintes grossières (un souvenir de juin). A la sortie du taillis, un carrefour de pistes vous invite à suivre le GR 6 (rouge et blanc) vers l'est (3). Vous progressez en sinuant sur le plateau dans un paysage de garrigue (romarins, cistes cotonneux, argelas). Le regard se perd dans les plaines environnantes. Puis le GR entame sa descente vers le village de Collias que vous traversez pour rejoindre les bords du Gardon.

J.-M.R.

Au pays de la lumière les papillons se parent de miroirs pour scintiller de mille feux tel ce "petit nacré" (Issoria lathonia). La montée vers la grotte de la Baume et les rives du Gardon sculptées par les eaux en une succession de marmites.

Les gorges du Gardon

Les deux genévriers

On les confond souvent parce qu' ils portent le même nom et se plaisent tous deux sur les sols calcaires. Ils sont pourtant différents. Le genévrier oxycèdre, plus communément appelé genévrier cade, est un arbrisseau qui forme souvent buisson dans la garrigue (voir photo page 38). Ses aiguilles piquantes, de forme triangulaire sont rassemblées par trois et présentent deux bandes blanches sur la face supérieure, ce qui leur donne une couleur vert tendre. Il produit un gros fruit globuleux et luisant et son bois fournit par distillation un goudron, l'huile de cade, utilisée en dermatologie. Le genévrier de Phénicie, arbuste à port buissonnant, a des rameaux couverts d'écailles vert foncé imbriquées sur 4 à 6 rangs. Son fruit est une boule rouge et luisante.

Des trésors pour les archéologues

Les gorges du Gardon taillées dans le plateau calcaire entre Dions et Remoulins sont truffées de grottes. On en a recensé près de 200 dont beaucoup auraient servi de refuge aux hommes depuis des temps très reculés. Les vestiges les plus anciens remontent à l'époque paléolithique : la grotte Saint Nicolas près de Russan a laissé de beaux outils en silex ; l'ermitage de Saint-Vérédème habité depuis cette époque jusqu' au siècle dernier constitue un gisement archéologique remarquable ; une des grottes les plus connues a été découverte en 1927 à 1,5 km à l'Est de Collias par l'abbé Bayol qui lui a donné son nom : la grotte Bayol abrite des peintures d'animaux au dessin très stylisé qui rappellent celles des grottes de Latrone représentant mammouths, bouquetins, bisons etc...De passionnantes découvertes !

Le Pont du Gard (balade suivante)

Avec ses 275 mètres de longueur (auxquelles s' ajoutaient encore en rive gauche douze arches et une culée amont de 130m), et ses 49 mètres de hauteur, (le plus haut des ponts romains), il est la partie la plus spectaculaire d'un aqueduc de 50 km de long qui conduisait à Nimes les eaux des fontaines d'Eure et d'Airan près d'Uzès. Probablement édifié vers le milieu du Ier siècle sous Claude ou Néron, l'aqueduc aurait fonctionné plusieurs siècles. Son tracé sinueux à cause des accidents du relief et sa pente faible (inférieure à 17 m) ont fait de sa réalisation une véritable prouesse technique. En l986 le pont-aqueduc du Gard a été déclaré par l'UNESCO "patrimoine mondial".

Pour le protéger de certaines nuisances dûes au tourisme et à la circulation automobile et lui redonner toute son authenticité, un programme d'aménagement a été récemment proposé par une équipe de spécialistes : restauration du pont, mise en valeur des vestiges de l'aqueduc et des anciennes carrières d'extraction des pierres de taille, création de musées, d'espaces paysagers et d'un réseau de sentiers. Une démarche qui n' oublie pas de prendre en compte la préservation de l'environnement naturel, sauvegarde de la fragile garrigue et protection de la faune, par exemple les castors installés sur les rives du Gardon, les lamproies marines qui se reproduisent dans ses eaux, les molosses de Cestoni (espèce de chauve souris), les martinets alpins et les aigles de Bonelli qui s'abritent dans les cavités des pierres.

Inscrit parmi les grands travaux nationaux, ce projet ambitieux a été présenté à l'Exposition Universelle de Séville en 1992.

Ambiance hivernale aux abords du Pont du Gard qui n'en conserve pas moins toute sa majesté au-dessus du Gardon. CB

37 LE PONT DU GARD ET L'AQUEDUC DE NIMES
découverte du génie architectural et hydraulique des Romains

A 25 km à l'Ouest d'Avignon, un parcours dans la garrigue de Nimes à la recherche des vestiges de ce prodigieux ouvrage d'art qui défie le temps.

fiche technique

Longueur : 12 km
Dénivelé : 100 m
Durée : 4 h (possibilité de réduire à 3 h)
Difficulté : aucune
Période : toute l'année, mais à éviter aux heures de canicule l'été
Equipement : randonnée légère
Point d'eau : Pont du Gard
Balisage : jaune (PR 9), rouge et blanc (GR 4)
Carte Michelin : n° 80 pli 19
Carte IGN : 1/25000 n° 2941 Est Remoulins pont du Gard

itinéraire d'accès

D'Avignon, passez le Rhône et prenez la N 100 en direction de Remoulins. Traversez Remoulins puis le Gardon et à l'extrémité du pont prenez à gauche la direction de Beaucaire et tout de suite à droite la N 86 vers Nimes. A 1,5 km, cherchez dans le village de Saint Bonnet, sur la droite, la place de la Fontaine où vous pourrez laisser votre véhicule.

description

Vous trouvez à gauche au fond de la place les marques du GR 6 (rouge et blanc) et celles du PR 9 (jaune) qui vous guideront jusqu' au pont du Gard. Vous traversez un vallon planté de vignobles et à la première bifurcation remontez tout droit un chemin pierreux qui se dirige vers les falaises au milieu d'une garrigue de chênes verts, de cistes et de genévriers. Arrivé sur le plateau (1) vous choisissez la piste de gauche où apparaît une citerne verte et après 500 mètres environ, bifurquez très nettement à droite (2) pour descendre dans une brèche entre

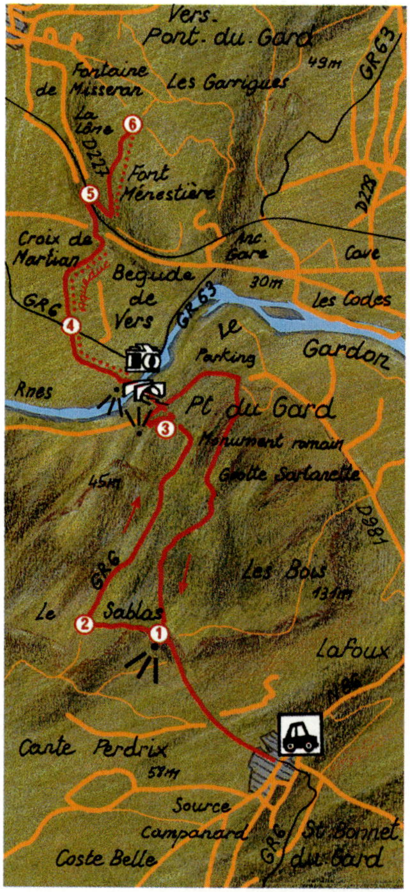

ASB

Les rives du Gardon.

les buis. Un peu plus bas le chemin traverse un taillis jonché de bois mort et longe sur la gauche un gouffre bien protégé par des barrières. Vous passez dans l'arche ruinée d'un tronçon de l'aqueduc romain, le pont de la combe Valmale et en remontant légèrement à gauche, vous gagnez l'entrée du tunnel creusé au siècle dernier, qui débouche directement à la partie supérieure du monument (3). Instant de surprise et d'émotion !... Le sentier rocheux du

GR emprunté tout de suite à gauche vous mène aux plus belles aires panoramiques : devant vous le Pont du Gard, fine dentelle de pierre, se reflète dans les eaux du Gardon ; la légèreté de son architecture et la couleur blonde de ses pierres en font un des plus beaux ouvrages d'art jamais construits par les Romains. Vous descendez par des lacets et des escaliers jusqu' au chemin goudronné qui longe les berges et devant lequel se dressent, majestueux, les trois étages d'arcades qui enjambent la petite rivière. Passez sous l'arche et remontez à droite pour franchir le Gardon sur le pont routier. A son extrémité, vous montez tout droit les marches qui gravissent la colline et rejoignez la crête. En suivant le sentier du GR 6 et du PR 9 qui sillonne la garrigue, vous découvrez à terre un vestige de l'aqueduc particulièrement intéressant, récemment mis à jour, le bassin de régulation du débit des eaux : pour éviter que l'eau ne déborde de la canalisation du pont du Gard, un système de vannes permettait de réguler le débit de l'eau qui y transitait et de rejeter l'eau excédentaire par un canal de décharge qui descendait vers le Gardon en aval du pont. En continuant votre marche dans la garrigue odorante vous apercevez les premières arches alignées du pont de Valive qui se prolonge de l'autre côté d'une petite route goudronnée (4) : derrière le fil de fer qui sert de clôture, vous retrouvez au milieu des cistes, roses au printemps, le long serpent de l'ouvrage qui s'étire, d'abord succession d'arches plus ou moins ruinées et enfouies dans la végétation, puis simple mur. A un carrefour de sentier, vous prenez légèrement sur la gauche et longez tout de suite à droite un autre tronçon de l'an-

CB

CB

CB

Les arches de la Lône : 39 arcades qui se succèdent sur 300 mètres. Le bassin de régulation des eaux. Une hutte de castor sous l'édifice romain, bâtisseur célèbre et infatigable, l'animal a reconquis les rives du Rhône et de ses affluents.

CB

L'aqueduc du Gard.

cien aqueduc, le pont Roupt, série d'arches croissantes, dont la dernière, brisée, s'arrête au-dessus d'une piste goudronnée. Vous la traversez pour trouver en face encore une vingtaine d'arches menant au pont de Font Ménestrière, ouvrage d'art actuellement détruit qui franchissait une dépression : la culée aval du pont est encore bien visible. Pour rejoindre l'autre extrémité proche du village de Vers, il faut franchir la route de Remoulins qui occupe le col. Vous descendez une butte et suivez le tracé jaune jusqu' à un rond-point où vous prenez à droite pour traverser et emprunter tout droit la petite route de Vers. Après le passage à niveau d'une voie de chemin de fer (5), vous remontez à droite la voie qui conduit après un tournant, à la partie amont du pont-aqueduc de Font Ménestrière. Il se prolonge par le pont à arcades continues de la Lône, une série de 39 arches qui s'allongent sur plus de trois cents mètres de longueur. Certaines piles ajourées ou comblées sont munies de contreforts et d'autres sont recouvertes de concrétions calcaires déposées par l'eau infiltrée du canal. La balade s'interrompt à l'extrémité de ce pont. (Plus au Nord l'aqueduc se poursuit au-delà du pont de Bornègre, un ouvrage de 3 arches construit pour franchir un cours d'eau et tout près, au village de Vers, on peut voir les carrières de pierres qui ont servi à la construction de l'ouvrage).

Après avoir observé la prodigieuse enfilade des arches qui supportaient la conduite d'eau, vous revenez sur vos pas jusqu' à la crête qui domine le Gardon. Vous pouvez vous approcher de l'aire panoramique située en amont du pont du Gard pour le voir surgir de la garrigue verte au-dessus des falaises et des plages blanches. Il y a vingt siècles que l'ouvrage d'art contemple les eaux de la rivière ! Vous descendez au niveau du pont-aqueduc pour emprunter soit l'ancienne canalisation où vous pourrez observer les concrétions déposées par le calcaire, soit le pont routier, pour prendre de l'autre côté sur 600 m environ la D 981 en direction de Remoulins. Remarquez en passant l'abri préhistorique de la Salpétrière et arrêtez-vous si vous le souhaitez au centre d'information (où vous pourrez obtenir toutes explications à la belle saison, sur l'histoire de l'aqueduc et les projets d'aménagements du site). Un peu plus loin vous trouvez sur la droite, juste après la carrière de Mosaïque, les marques jaunes du PR 9. Vous suivez le chemin qui s'enfonce dans la garrigue et remonte la combe entre des falaises. A quelques centaines de mètres, vous remarquez de gros blocs rocheux, vestiges du pont à étage de la Combe Roussière. Le chemin se rétrécit et sinue dans la végétation envahissante des chênes verts, des genévriers et des arbousiers. La terre retournée à certains endroits atteste de la présence de quelques sangliers dans ce secteur. Vous atteignez la crête et les falaises qui surplombent Saint Bonnet où vous retrouvez le GR 6 emprunté à l'aller. Il vous permet de redescendre au village que vous apercevez en contre-bas. Vous gagnez la place de la Fontaine et pouvez vous aventurer dans ce village pittoresque aux vieilles rues étroites, fondé au Xème siècle grâce à la protection de l'abbaye de Psalmody. Saint Bonnet conserve le souvenir de l'aqueduc qui traversait le site dans une canalisation enterrée : des blocs taillés dans les épais dépots calcaires de l'intérieur de la canalisation ont été utilisés pour la construction de certains édifices. Reconnaissables aux lamelles qui les composent, ces blocs striés sont visibles sur l'église (préromane du IXème siècle fortifiée au XIIIème) et sur certaines maisons.

La Chartreuse de la vallée fertile
(balade suivante)

En plein coeur du massif forestier, les clochers de la Chartreuse de Valdonne brillent de leurs tuiles colorées et vernissées. L'enceinte fortifiée protège un ensemble de bâtiments, église, cloîtres, cellules, réfectoires. La Chartreuse fut fondée en 1203 par l'Evêque d'Uzès, sur l'emplacement d'un monastère bénédictin. Il fallut commencer par déboiser et assainir la vallée, pour la rendre cultivable. On appela ce lieu "vallis bona" ou la vallée fertile. Incendiée pendant les guerres de religion, reconstruite au XVIIème siècle sur le modèle des Chartreuses du Moyen-Age, puis abandonnée, elle fut reprise par Monsieur Delor en 1926 pour y créer un centre médical de traitement contre la lèpre. Une association gère actuellement l'endroit, devenu centre de réadaptation, ainsi que le vignoble et les anciennes caves des Chartreux qui ont été restaurés.

ASB

La chartreuse de Valbonne (Balade suivante).

A 50 km au Nord-Ouest d'Avignon, un circuit en forêt domaniale vers la célèbre Chartreuse aux toits de tuiles vernissées.

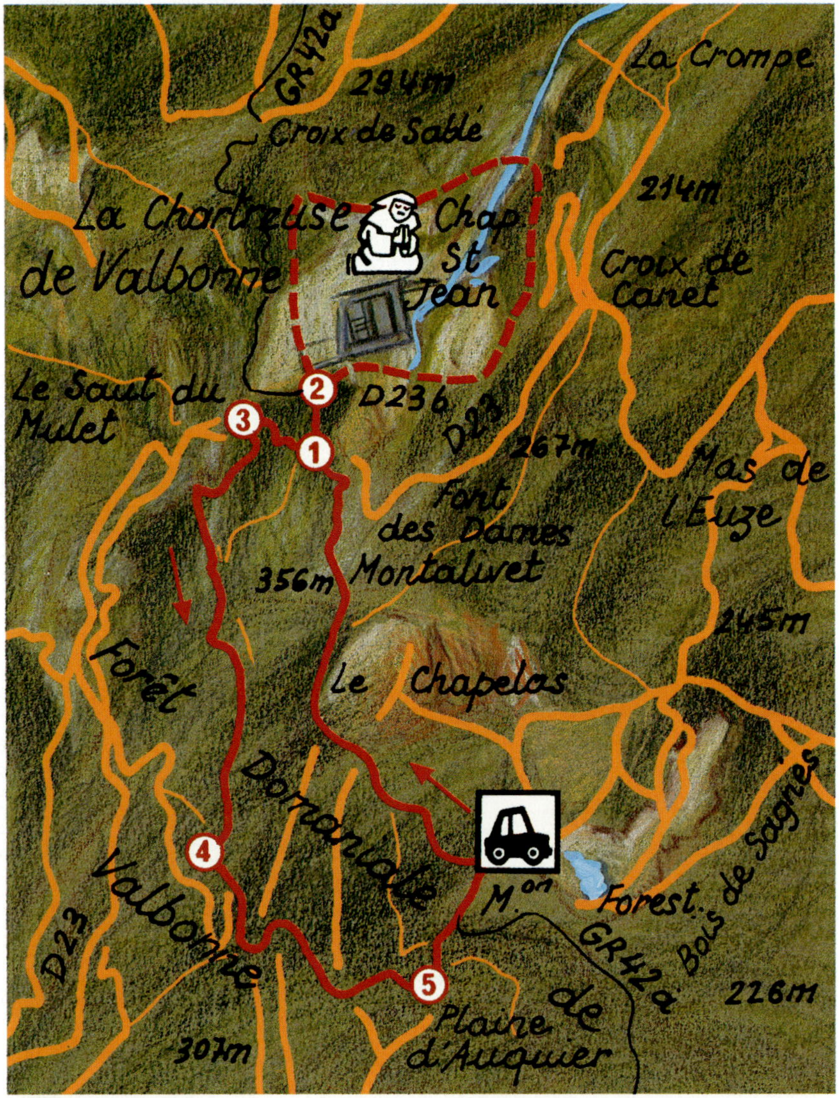

fiche technique

Longueur : 8 km
Durée : 2 h 30
Dénivelé : 140 m
Difficulté : aucune
Période : toutes saisons
Equipement : randonnée légère
Balisage rouge et blanc (GR 42), jaune (PR 8)
Carte Michelin : n° 80 pli 9
Carte IGN : 1/25000 n° 2940 Est Bagnol sur Cèze

itinéraire d'accès

D'Avignon, prenez la N 580 jusqu' à la ville de Bagnols sur Cèze que vous traversez. Quelques kilomètres après la sortie de Bagnols, prenez à gauche la D 980 vers Barjac. A 8 km environ, traversez à droite le village de Saint Michel d'Euzet et continuez tout droit jusqu' à la maison forestière reconnaissable à son cadran solaire. Vous pouvez stationner à proximité.

description

Un sentier sympathique longe la maison forestière sur sa gauche. Les marques rouges et blanches du GR 42 et d'autres jaunes d'un tracé local vous accompagnent jusqu' à la Chartreuse de Valbonne. Le sentier s'élève sur la colline dans un agréable sous-bois de conifères, de buis et de houx. Il dessine quelques virages et longe une vigne étendue, aux couleurs flamboyantes à l'automne. En rejoignant une autre piste, vous suivez encore cette vigne sur un autre côté et vous apercevez derrière elle, la ferme du Chapelas. A son extrémité, vous obliquez légèrement sur la gauche pour descendre

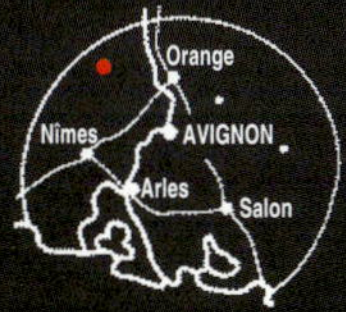

ASB

Une forêt historique

Le vaste massif de Valbonne, entre les vallées de la Cèze et de l'Ardèche, avec ses sommets qui dépassent les 350 m, est couvert d'une importante forêt domaniale qui se développe sur des grès et des sables. C' est un massif historique qui fut propriété des moines avant la Révolution. A plus d'un titre il intéresse les forestiers, car en plus des yeuses, chênes (verts et rouvres), conifères et même peupliers, on est surpris d'y rencontrer des hêtres dans les ravins profonds et humides du versant Nord. Leur présence est inhabituelle à si basse altitude et en zone méditerranéenne. Un sentier botanique très ombragé, aménagé autour de la Chartreuse permet de se familiariser avec la richesse des espèces végétales rencontrées dans cette forêt.

un chemin boisé qui aboutit à la route départementale (1). Vous la traversez et suivez en face le sentier qui progresse dans la végétation. A travers les branches se profilent des clochetons colorés qui brillent sous le soleil. A la sortie du taillis (2) vous voyez la Chartreuse déployer devant vous ses élégantes constructions aux toits de tuiles vernissées.
La visite de la Chartreuse permet d'observer la justesse de proportions des différents bâtiments et de voir la cour d'honneur, l'église aux voûtes en pierres sèches, l'ancienne chapelle, l'immense cloître, à côté d'un autre tout petit, la cellule reconstituée d'un chartreux. Pour agrémenter la promenade vous pouvez parcourir le sentier de découverte qui fait le tour de la Chartreuse.
Le retour se fait par une piste plus large à travers la forêt de valbonne. Reprenez à gauche de la route (2), le sentier boisé parcouru à l'aller, qui s'oriente vers le sud. Quand vous atteignez la route départementale, remontez-la à droite sur 300 m environ. Dans une grande boucle, un chemin jalonné de marques jaunes s'élève en oblique à gauche (3). Suivez son parcours sinueux dans une belle forêt de hêtres puis dans une pinède au sol sablonneux. A l'automne cueillez et dégustez les délicieux fruits rouges des arbousiers. Une intersection de sentier vous invite à suivre les marques jaunes à gauche (4), sans vous laisser distraire par d'autres pistes qui se présentent. Vous rejoignez ainsi la petite route de Saint-Michel-d'Euzet (5) qui vous ramène (à gauche) à la maison forestière. Si le coeur vous en dit, vous pouvez découvrir un petit étang isolé, face à la maison forestière. On y accède par un chemin carrossable suivi d'un sentier piéton.

ASB

39 LES CASCADES DU SAUTADET

le Village Fortifié de la Roque sur Cèze, la forêt, les cascades.

A 45 km au Nord- Ouest d'Avignon, un circuit en forêt qui commence par un parcours dans un village moyenâgeux et se termine sur les rives d'impressionnantes cascades.

fiche technique

Longueur : 10 km
Dénivelé : 175 m
Durée : 3 h
Difficulté : aucune
Période : toute l'année
Equipement : randonnée légère
Point d'eau : La Roque sur Cèze
Balisage : rouge (épisodique)
Carte Michelin : n° 80 pli 9
Carte IGN : 1/25000n° 2940 Est Bagnol sur Cèze

itinéraire d'accès

D'Avignon, traversez le Rhône, et prenez au Nord la N 580 vers Bagnols- sur-Cèze. Très vite après la sortie de la ville, vous trouvez à gauche la D 980 vers Barjac. A 9 km environ, empruntez la D 166 vers La Roque sur Cèze. Passez sur le Vieux Pont étroit (sens unique), et stationnez à droite le long de la Cèze, sur l'emplacement aménagé sous les platanes .

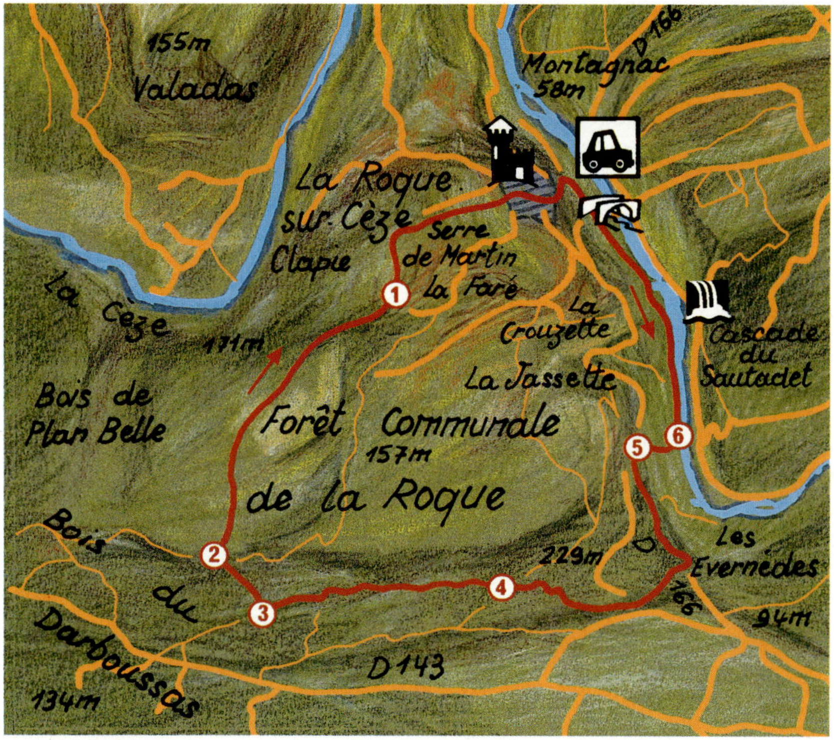

ASB

La Roque S/Cèze.

description

Montez vers le village par la petite route goudronnée au bout du parking. Grimpez par les ruelles dallées et fleuries. Les maisons restaurées, les vieux porches, les pans de murs, valent le coup d'oeil ainsi que la chapelle romane malheureusement inaccessible...et le château également privé. Le village offre une vue admirable sur la vallée de la Cèze. Quittez-le, vers le haut, par la piste cimentée de proche en proche qui s'élève sur les crêtes. Les sols, moins calcaires ici, laissent apparaître une végétation originale d'arbousiers, de bruyères arborescentes, de pins sylvestres. A mesure que l'on progresse, la vue se fait plus ample. A un croisement, prenez la piste de droite (1) (flèche rouge) et

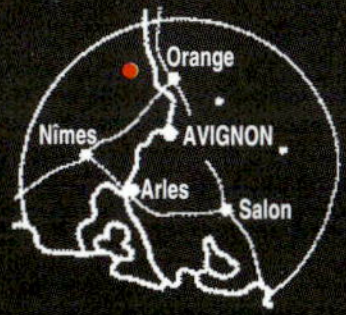

suivez le tracé rouge qui vous emmène tout droit vers d'autres crêtes. Longez des terres labourées sur la gauche, puis marchez sur les rochers plats qui affleurent à la surface du chemin. Traversez un sous-bois plus loin parsemé de quelques ruines de maisons. Quand le sentier s'arrête (2), suivez les marques rouges à droite pour descendre un muret et retrouver à gauche le sentier qui traverse un taillis dense de chênes-verts. Arrivé à une vaste clairière où trône un magnifique chêne blanc, laissez-vous tenter par l'allée cavalière de gauche (3) qui se faufile au milieu des chênes pubescents, des noisetiers et des cerisiers sauvages. Restez sur le chemin principal qui bientôt traverse un bois de pins maritimes et débouche sur des vignes (4). Prenez à droite le chemin qui passe en leur milieu et longe une ferme. Traversez la route qui se présente et prenez le chemin en contre-bas du camping. Il descend à travers un bois de pins, rencontre une piste qui vient de la droite, puis rejoint une petite route goudronnée sur laquelle on tourne à gauche jusqu' à sa jonction avec une départementale plus importante. Quelques mètres avant ce carrefour, empruntez à droite un chemin de terre (5) qui à travers les vignes descend vers la rivière de la Cèze. Arrivé à un cabanon flanqué d'un gros platane et de quelques cyprès, prenez à gauche le long de la vigne, avant de trouver à 40 mètres environ à votre droite, un passage (6) pour descendre le talus abrupt et atteindre la plage de galets au bord de l'eau. Longez ensuite la rivière jusqu'aux cascades du Sautadet, rochers-marmites rongés par l'érosion au travers desquels l'eau s'engouffre avec fracas. Flanez, admirez, escaladez... Le chemin goudronné qui longe la rivière vous ramène au point de départ.

Les sculptures torturées des eaux du Sautadet dans le calcaire de la garrigue gardoise.

ASB

J.-M.R.

Le flambé (Iphiclides podalirius)

Ce splendide papillon jaune zébré de noir est, par sa forme et par sa taille, une des espèces les plus spectaculaires d'Europe méridionale. Avec le machaon aux tonalités plus chaudes, il est le seul représentant d'une famille africaine tropicale (les papilionidés) qui compte en son sein les plus merveilleux papillons du monde.

Rare et protégé en Allemagne, le flambé se fait aussi appeler sur la garrigue gardoise où il est abondant, le "grand porte-queue" ou le "voilier". Son vol est en effet lent et léger au-dessus des coteaux et des prairies ensoleillés, stabilisant sa position de planeur à l'aide de ses longues queues noires.

Au mois de mai, ils volent parfois par dizaines sur les aubépines et les arbres fruitiers. Sous les chaleurs estivales, une deuxième génération plus claire et plus grande, affectionne plutôt les endroits humides de la région : clairières et fonds de vallées. Peu farouches, ils sont faciles à observer et à capter... au bout de vos objectifs. A l'occasion d'un pique-nique il n'est pas rare qu'un de ces joyaux de la nature vienne tranquillement profiter de vos ripailles, et siroter le jus d'une pêche ou le gras de vos tranches de jambon : un grand moment de bonheur pour les enfants ! **J.-M.R.**

La Cèze en cascade

Torrent redouté que des barrages réussissent à dompter en certains endroits de son cours, la Cèze, au niveau du village de la Roque, a taillé son lit dans une barrière de rochers en légère pente. Elle y a creusé d'énormes cavités appelées “marmites de géants” dans lesquelles l'eau se précipite et retombe en cascades spectaculaires, les cascades du Sautadet. La puissance des chutes d'eau y est célèbre. Elle était déjà évoquée du temps d'Hannibal. Selon la légende, sa propre fille s'y serait noyée sur son éléphant, emportée par les eaux de la rivière qu' elle essayait de traverser. Un peu en amont des chutes d'eau, le vieux pont Charles Martel du XIIIème siècle enjambe la rivière de ses douze arches, ouvrant l'accès au village médiéval de la Roque sur cèze accroché à la roche, comme son nom l'indique.

Le pont Charles Martel.

ASB

ASB

Balade suivante : les gorges de l'Ardèche.

40 LES GORGES DE L'ARDECHE

le hameau de Sauze, les rives de l'Ardèche, la grotte de St Marcel.

A 50 km au nord d'Avignon, une promenade-découverte, sorte de première approche des défilés réputés de l'Ardèche et initiation à l'exploration du milieu.

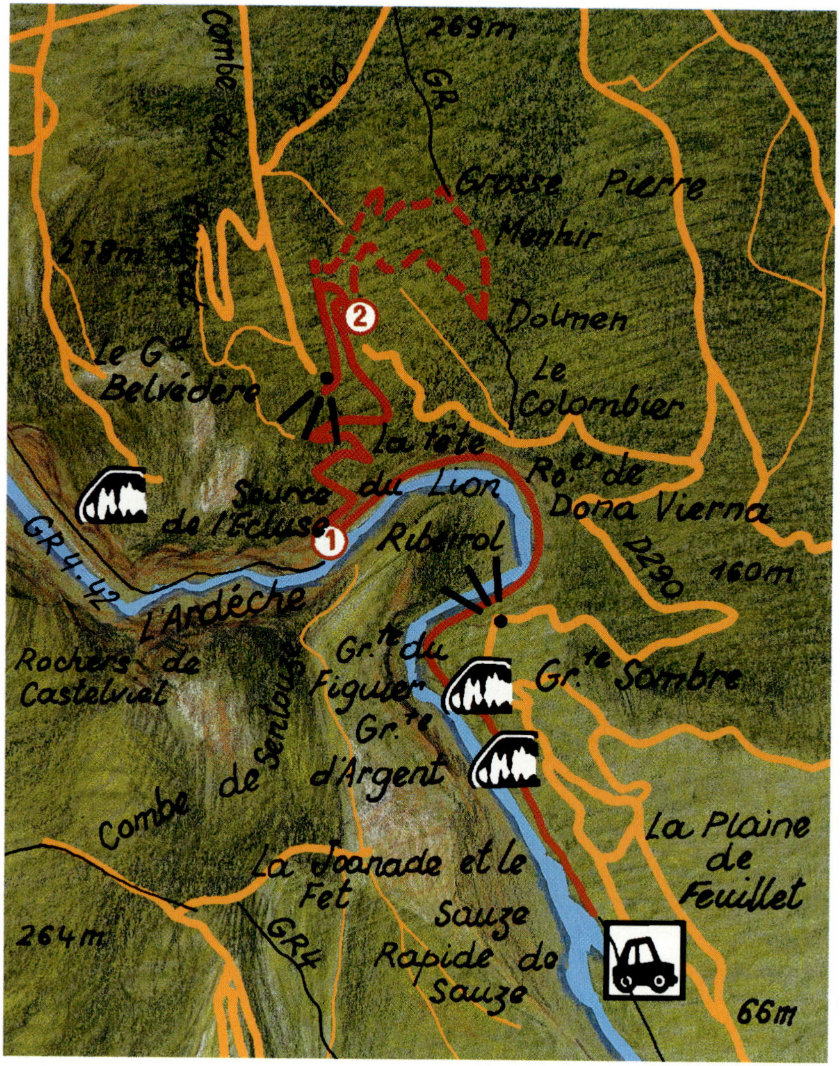

CB

L'ardèche : le "top" pour le canoë et le kayak.

fiche technique

Longueur : 11 km (sans les variantes)
Dénivelé : 200 m
Durée : 3 h 30 (sans les variantes)
Difficulté : prudence sur les dalles en cas d'humidité
Période : toutes saisons sauf mauvais temps ou forte crue.
Equipement : randonnée légère
Points d'eau : gorges de Saint Marcel
Balisage : traits rouges
Carte Michelin : n° 80 pli 9
Carte IGN : 1/25000 n° 2939 Est Bourg Saint Andéol

itinéraire d'accès

D'Avignon, traversez le Rhône et prenez la N 580 en direction de Bagnols-sur Cèze puis la N 86 vers Pont Saint Esprit et Bourg Saint Andéol. A 3 km de Pont-Saint Esprit, prenez à gauche la D 901 vers les Gorges de l'Ardèche et 8,500 km après, à droite, la direction de Saint Marcel d'Ardèche. Passez le pont de la rivière et prenez la D 290, route

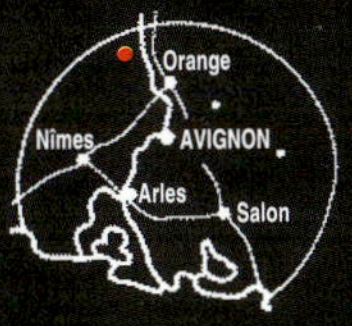

touristique des gorges. A 1 km de Saint-Martin d'Ardèche, le hameau de Sauze offre au bord de la rivière à gauche, à l'arrivée des canoés, un emplacement pour garer la voiture (payant en été).

description

Vous empruntez la piste qui longe l'Ardèche. Un décor de rêve : à votre gauche, se dresse sur l'autre rive le village fortifié d'Aiguèze, devant vous les premières barres rocheuses du canyon surplombent la rivière et sur l'eau les canoés aux couleurs vives terminent le parcours de la descente des gorges. Le chemin se ramifie en plusieurs sentiers. Vous allez suivre l'itinéraire assez fantaisiste des traits rouges qui se cache dans les sous-bois, passe sur des dalles plates au bord de l'eau ou grimpe à l'assaut de quelque rocher facile à escalader. Vous remarquez les nombreuses baumes dans les parois des falaises. Certaines portent des noms connus : la Grotte Sombre, la Grotte du Figuier... Vous arrivez sous le Belvédère de Ranc Pointu et suivez la large courbe dessinée par l'Ardèche. Des falaises imposantes dominent le lit de la rivière où les canoés amorcent le grand virage. Vous devez passer sur quelques rochers plats en surplomb, un moment du parcours attrayant mais qui nécessite un minimum d'attention. Arrivé près du camping (1), vous remontez à droite pour le traverser et prendre la piste qui mène à la route touristique des gorges (2). En chemin, vous jouirez d'une vue de plus en plus aérienne sur la large courbe dessinée par l'Ardèche et les Kayaks comme des points lumineux.
Vous arrivez au niveau des grottes de Saint Marcel.

CB

CB

Deux courbes de l'Ardèche : en haut sous le belvédère du Ranc Pointu, en bas, au pied de la "Cathédrale", laquelle aurait pu être conçue par l'architecte espagnol Gaudi... Si la nature ne l'avait pas devancé ici dans le baroque.

CB

3 possibilités de découvertes vous sont proposées en option :

La montée au Grand Belvédère (I km AR ; 1/2 h)

Vous empruntez la route sur 500 m à gauche pour atteindre le Grand Belvédère d'où le regard plonge à plus de 200 m sur l'enfilade des gorges, un point de vue remarquable.

La promenade de découverte du sentier botanique et archéologique : (2,300 km ; 1 h 30) : panneaux sur la flore, menhir, dolmen. (cf. encadré ci-contre).

La visite des grottes de Saint Marcel : exploration souterraine (1 h)
ouverte au public du 15 mars au 15 novembre de IO h à 19 h (droit d'entrée). Renseignements au 75 O4 38 07.

Le retour se fait par le même chemin : descente de la piste qui mène au camping et parcours de la rive gauche de l'Ardèche jusqu' au hameau de Sauze où vous arrivez en même temps que les canoés que vous avez suivis tout au long du parcours.

Observation de la nature et remontée dans le temps

A côté de la grotte de Saint Marcel, un sentier de randonnée permet de découvrir le milieu naturel et de se familiariser avec la végétation typique des sols calcaires : chênes verts, buis, genévriers cade, pistachier térébinthe, amélanchier, thym, cistes cotonneux, arbousiers, genêts, lavande etc... La promenade conduit aussi à un Menhir de 3,5m de haut sur 0,80m de large et au Dolmen du Colombier, deux monuments funéraires correspondant à des rites de la fin du Néolithique (2500 à 18OO ans avant notre ère). Près du menhir on se rassemblait pour pleurer les morts ; le dolmen, lui, était utilisé comme pierre tombale. Une bonne leçon de nature et d'histoire.

CB

Le Gazé (Aporia crataegi)

Certaines vallées de la région sont hantées par un grand nombre de ces frêles papillons aux ailes transparentes. Hibernant en communauté dans le feuillage de divers arbres fruitiers, les chenilles d'une même ponte se métamorphosent toujours en papillons simultanément. En quittant leurs chrysalides, les membres de l'escadrille secrètent en vol un liquide rouge-orangé appelé meconium qui fait à l'origine, dans certaines régions, l'objet d'une superstition funeste : cette "pluie de sang" serait annonciatrice de misère et de malheur... **JMR**

Exploration souterraine

Redécouverte en 1835 par un chasseur d'Aiguèze, la grotte de Saint Marcel, devenue depuis site classé, contient des gisements préhistoriques très anciens. E. A. Martel, et après lui de nombreux spéléologues et scientifiques ont exploré ses 4O km de galeries. On vient encore de découvrir de nouveaux kilomètres de réseau. “La beauté de ses concrétions calcaires en font une des plus belles cavernes de France et d'Europe” a dit Martel. La visite de cette rivière souterraine fossile montre des salles immenses, une cascade de bassins d'eau appelés Gours, une “cathédrale” mise en valeur par d'habiles jeux de lumière. Une promenade féérique.

Indispensables pour le week-end

LES PLUS BELLES BALADES

AUTOUR DE VOTRE VILLE

Cette collection de guides pratiques invite les citadins aux joies simples et conviviales de la balade à pied, en leur proposant la découverte des sites naturels les plus originaux de la région (30 à 50 par ouvrage), et la visite, notamment, du patrimoine historique oublié. En livrant les petits secrets des étangs, de la forêt ou de la garrigue : les habitudes du héron cendré, les frousses du lézard ou l'appétit sexuel de la mante religieuse, chaque ouvrage permet aussi de décrypter l'environnement naturel des itinéraires.

144 pages minimum, 200 à 300 photos couleurs, 30 à 50 cartes précises et illustrées, de nombreux encadrés et fiches Nature, sans oublier les renseignements pratiques des "pages vertes"; spécialement collectés pour le week-end des baladeurs curieux.

CHAQUE " **GUIDE POUR BALADEURS CURIEUX**", PVP: 155 F.

DISPONIBLES 1 9 9 3

AIX - MARSEILLE
TOULOUSE
BRIVE
CATHARES
NICE
REUNION
AVIGNON
BORDEAUX
GUADELOUPE
MARTINIQUE

A PARAITRE 1 9 9 4

GRENOBLE
BREST
MONTPELLIER
PARIS
TOULON
AUDE
LILLE
GENEVE

Les Créations du Pélican

104 rue Tronchet 69006 Lyon - Tél. : 78.94.61.42 - Fax : 78.94.21.73

Glossaire

Arbousier : arbuste à feuilles luisantes et toujours vertes dont les fruits rouges à l'automne sont comestibles.
Baume : grotte, abri sous roche.
Borie : construction en pierres sèches qui servait d'abri, voire d'habitation.
Buis : arbuste à tiges raides et à feuilles persistantes qui résiste bien à l'érosion et repousse après les incendies.
Cade : genévrier dont on tire une huile utilisée en médecine.
Cairn : petit monticule de pierres érigé par les randonneurs comme point de repère.
Canyon : géologiquement désigne une gorge creusée dans le calcaire par un cours d'eau, par dissolution et par érosion. Son aspect général est caractérisé par un profil aux parois abruptes.
Castellas : vieux château en ruine.
Charbonnière : édifice en pierre que l'on rencontre dans la forêt, qui était utilisé pour la fabrication du charbon de bois.
Cèdre : arbre introduit au XIXe siècle sur les pentes du Ventoux et du Lubéron. Cette espèce se régénère naturellement.
Chêne blanc (pubescent) : pas typiquement méditerranéen, il peut atteindre une grande taille. Ses feuilles sont caduques, leurs faces inférieures sont recouvertes d'un fin duvet blanchâtre. Ses glands sont étroits et aigus.
Chêne kermès : de petite taille, ses feuilles sont persistantes, coriaces et surtout épineuses. Cet arbre nourrit une cochenille qui jadis servait à fabriquer une teinture rouge, le carmin.
Chêne vert (yeuse) : un des arbres les plus typiques et nombreux de la région. Il est généralement de petite taille, son tronc de couleur brune est très ramifié. Ses feuilles vert foncé sont

CB
Devant "un" ou "une" borie (selon les auteurs)

persistantes, dures et légèrement piquantes.
Ciste cotonneux : sous-arbrisseau très répandu dans la garrigue. Ses grandes fleurs forment de belle corolles roses à l'aspect un peu fripé.
Col : ligne de faîte d'une montagne.
Dolmen : monument mégalithique constitué d'une dalle horizontale posée sur des blocs verticaux.
DFCI : défense des forêts contre les incendies.
Draille : ancien chemin de transhumance des troupeaux de moutons.
Exsurgence : source livrant des eaux provenant d'infiltrations.
Garrigue : formation arbustive dense, spécifique des terrains calcaires, qui révèle le plus souvent une étape de dégradation du couvert forestier.
Genêt : arbrisseau dont les fleurs odorantes sont d'un jaune d'or éclatant.
GR : sentier de Grande Randonnée balisé en rouge et blanc.
Hêtre : rare en Provence, il pousse sur les versants élevés du Ventoux, et en forêt de Valbonne. Cet arbre de grande taille au tronc droit et lisse porte des feuilles caduques ovales.
Jas : bergerie.
Manade : élevage de taureaux et de chevaux en pays camarguais.
Marmite de géant : cavité plus ou moins sphérique entaillée dans la roche de certaines rivières par les tourbillons. Le creusement est rendu possible par la puissance érosive des cailloux et du sable transportés par les eaux.
Mas : maison paysanne en Provence.
Menhir : monument mégalithique constitué d'un seul bloc de pierre planté verticalement.
Oppidum : ouvrage fortifié préhistorique ou romain.
Pierrier : éboulis formé de débris rocheux qui tapissent un versant.
Pin d'Alep (pin blanc) **:** très répandu dans la Provence calcaire. Son écorce est blanche, sa hauteur élevée (20 m). Ses aiguilles sont courtes et ses cônes, ronds et petits.
Pin parasol (pin pignon) : son port en parasol le fait très apprécier dans le paysage. Ses fruits, de gros cônes, contiennent des graines comestibles, les pignes, utilisées en confiserie.
Romarin : plante aromatique célèbre. Ses feuilles persistantes ressemblent à de petites aiguilles. Ses fleurs bleu pâle sont très recherchées par les apiculteurs et leurs abeilles.
Sente : petite sentier parfois tracé par les animaux.
Talweg : ligne joignant les points les plus bas d'une vallée, suivant laquelle les eaux s'écoulent.
Thym (farigoule) : petite plante aromatique de 15 à 20 cm. Ses feuilles odorantes sont utilisées dans les recettes méridionales. Ses fleurs sont roses et blanches. On en extrait une essence utilisée en parfumerie, cosmétique et pharmacie.

Bibliographie

- "Les plus belles balades autour d'Aix et de Marseille" de Charles de Lartigues, Les Créations du Pélican, Lyon.
- "Le Vaucluse autrefois" de Claude Grossand et René Grosso, Editions Horvath, Lyon.
- Guide Claude et François Morénas. "Regain" Saigon, 84400 Apt, "Le Mont Ventoux", "Les Monts du Vaucluse", "Le Lubéron", "Le Colorado Provençal", "Le pays des Aiguiers", "Itinéraires au départ de Villars".
- Guides de randonnées pédestres Edi Sud : "Randonnées au Ventoux et dans les Dentelles" d'Isabelle et Henri Agresti.
"Randonnées dans le Lubéron" de Pierre Giffon.
" Randonnées dans les Alpilles" de Chantal Chivas et René Lombardi.
"Randonnées dans la Garrigue Gardoise" de Chantal Chivas et René Lombardi.
- "20 balades et randonnées dans le Parc naturel régional du Lubéron", itinéraires de découverte. Editions du Parc, Saint-Saturnin-les-Apt.
- "Les Sentiers du Ventoux nord" de Pierre Antonini, Paul Peyre et Francis Paul. Editions A. Barthélémy, Avignon.

HORVATH

Le naturaliste Jean-Henri Fabre "en observation", le père de l'enthomologie française dont la collection "Bouquins" vient de rééditer les "souvenirs enthomologiques" en deux volumes chez R. Laffont.

- "Je randonne avec cîmes et sentiers en Pays Voconce", Vaison-la-Romaine.
- Collection des topos-guides des sentiers de grande randonnée : GR4, GR6, GR9, GR91, GR42.
- "Le Lubéron et sa région" de Serge Bec, Guides Balades, Solar.
- "Bonjour la Camargue" d'Annick Rosas, Marie-France Avril et Bruno Pambour, Les Créations du Pélican, Lyon.

Carnet d'adresses

- Chambre départementale du Tourisme de Vaucluse - Place Campana-la-Balance, BP 147, 84008 Avignon Cedex - Tél. 90 86 43 42.
- Comité départemental de la Randonnée pédestre en Vaucluse - 63, rue César Frank, 84000 Avignon.
- Club alpin français – 7, rue Saint-Michel, 84000 Avignon.
- Parc naturel régional du Lubéron, Maison du Parc - 1, place Jean Jaurès, 84400 Apt - Tél. 90 74 08 55.
- Musée de Paléonthologie, même adresse. Visite du lundi au samedi de 8 h 30 à 12 h et de 14 h à 19 h.
- Parc naturel régional de Camargue , Le Mas du Pont de Rousty, 13200 Arles - Tél. 90 97 10 82. Ouvert en saison de 9 h à 12 h et de 14 h à 18 h.
- Centre d'information de Gines (PNRC), Pont de Gau, route d'Arles (RD 570), 13460 Les Saintes-Maries de la Mer - Tél. 90 97 86 32. Visites de 9 h à 12 h et de 14 h à 18 h.
- Domaine de La Palissade, BP 5, 13129 Salin-de-Giraud - Tél. 42 86 81 28.
- Réserve naturelle de Camargue, La Capelière, 13200 Arles - Tél. 90 97 00 97.
- Parc ornithologique du Pont de Gau, 13460 Les Saintes-Maries de la Mer - Tél. 90 47 82 62. Visite de 8 h au coucher du soleil.

Les auteurs

Anne-Sophie et Christiane Birot, la fille et la mère, les auteurs de cet ouvrage, avec lesquels vous vivrez de merveilleux week-ends sur les traces des trésors naturels et culturels de votre région. Pourquoi chez les Birots cette passion pour les sentiers perdus, les bois et les guarrigues ? Spécialiste de la fôret, Yves, le père, le mari, y est sans doute pour quelque chose...

Arrivée en Avignon il y a dix ans, **Christiane Birot** a découvert par les sentiers la Provence des collines et des montagnes. Sa bonne connaissance du terrain l'a conduite à animer, comme guide, des balades et randonnées pédestres. Avec ce livre, elle vous invite à la suivre sur quelques-uns des plus beaux itinéraires des environs d'Avignon.

Anne-Sophie Birot, chasseur d'images, toujours à l'affût de ce qui peut continuer à vivre sur la pellicule (spectacles, voyages, scènes de rue, nature) a aimé offrir au lecteur, à l'occasion de ce livre, sa vision des paysages de Provence.

Remerciements

Pour leur précieuse collaboration, les auteurs tiennent à remercier :

- Yves Birot, spécialiste des sciences forestières,
- chacun des amis de son groupe de balade,
- ceux et celles qui ont participé à la reconnaissance des itinéraires,
- les animateurs du Comité de Randonnée Pédestre du Vaucluse et de l'Association de Randonnée Pédestre d'Avignon,
- les responsables du Parc Régional du Luberon, de l'Office National des Forêts, de l'Office Départemental de la Chasse, du Centre d'Information de la Réserve nationale de Camargue,
- Claude et François Morénas et avec eux tous les passionnés de randonnées qui balisent et entretiennent bénévolement les sentiers.

Note des auteurs et de l'éditeur

La pratique de la promenade en campagne, comme de la randonnée, ne saurait en aucun cas dispenser du respect de la réglementation ou des interdictions signalées. Entre le moment où les itinéraires ont été mis au point et celui où le randonneur effectue son parcours, réglementations et interdictions ont pu être modifiées, de nouveaux panneaux ou balises ont pu être posés, on doit impérativement en tenir compte.

Les auteurs et l'éditeur dégagent toutes responsabilités des infractions qui pourraient être commises par les utilisateurs de ce guide en ce qui concerne notamment le non respect de la propriété privée.

Les Créations du Pélican

- **"Les plus belles balades autour d'Avignon"**, du Ventoux à la Camargue, 40 itinéraires pédestres choisis pour baladeurs curieux.
(C) 1993 Les Créations du Pélican.
ISBN : 2.903696.47.0 - Code barre : 9.782.903696.47.4.
SA au capital de 250 000 F - RCS Lyon B 389 324 872.

Gestion/administration : 104, rue Tronchet, 69006 Lyon
Tél. 78 94 61 42 - Fax. 78 94 21 73.
Création/Service espaces publicitaires :
13, rue de la Lyre, 34070 Montpellier - Tél. 67 03 46 60 - Fax. 67 03 46 70.
Directeur de la collection : Jean-Michel Renault (JMR)
Rédaction : Christiane Birot (CB)
Illustration photographique : Anne-Sophie Birot (ASB).
Compléments rédactionnels : Stéphane Migaud (SM), JMR.
Compléments photographiques : Jean-Charles Gaudin, Office Départemental de la Chasse, Martine Peyron (MP), Bruno Pambour (BP), Parc Naturel Régional du Luberon (PNRL), Parc Naturel Régional de la Camargue (PNRC), SM, JMR, cartes postales anciennes Horvath, issues de l'ouvrage "Le Vaucluse autrefois" de Claude Grossand et René Grosso.
Photogravure : Atelier Six, Montpellier.
Imprimé en Communauté Economique Européenne
Dépôt légal : 1er semestre 1993.